空飛ぶ救命救急室
ドクターヘリの秘密

人工呼吸器や除細動器《じょさいどうき》、超音波診断《ちょうおんぱしんだん》装置、緊急気道《きんきゅうきどう》確保セットなど高機能な医療《いりょう》機器を搭載《とうさい》しているドクターヘリは、まさに救命救急室。救急専門の医師と看護師を乗せて、いち早く救急現場に出動する。

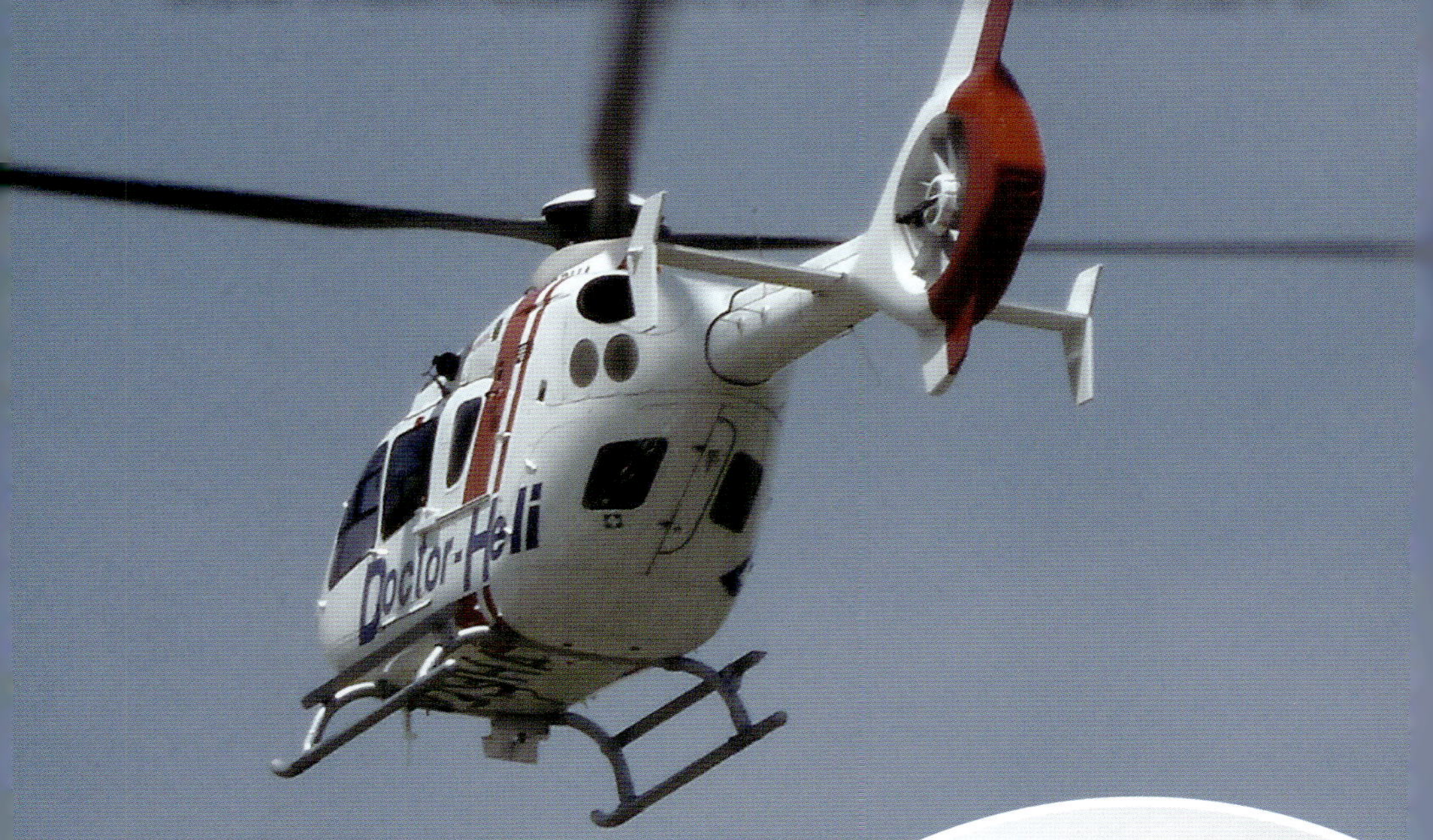

病院に着いてからでなく、ランデブーポイント（→p25）に着くとすぐ救急医療《いりょう》活動がスタートできるようになった。

ドクターヘリの**機内**（斜《なな》め後ろから前方）

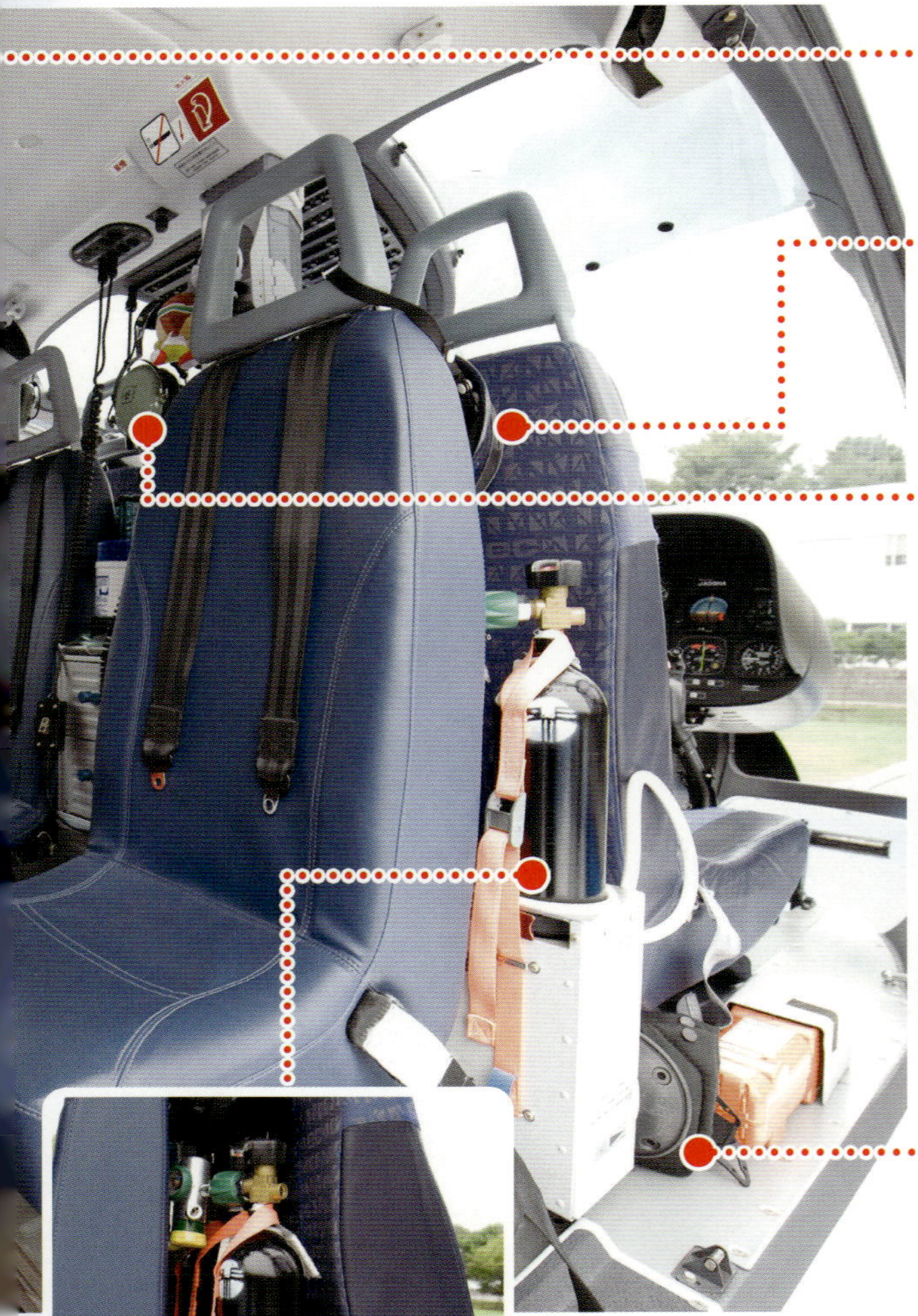

●**照明装置：**
暗いときに使用するライト。

●**ヘルメット：**
現場によっては危険な場所もあるので、安全のために装備されている。

●**ヘッドセット：**
飛行中は騒音《そうおん》が大きいので、機内での会話や無線のやりとりはヘッドセットを使う。

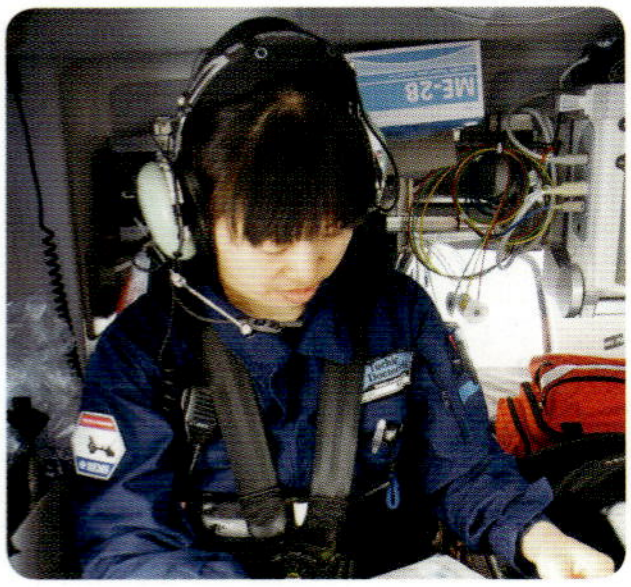

●**エルボー＆ニーパッド：**
安全に医療行為《いりょうこうい》をおこなうため、現場によってはひざやひじを守るプロテクターが必要となる。

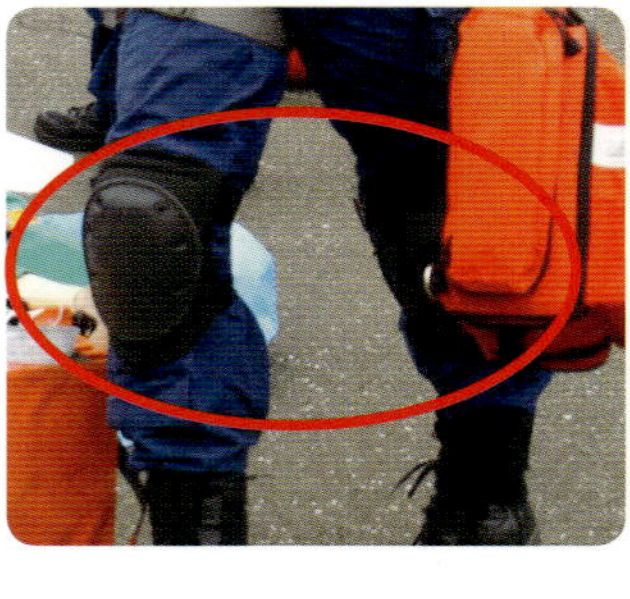

●**酸素ボンベ：**
機内での酸素投与《とうよ》に使われる。

救急バッグ

成人用と、子どもサイズの小《しょう》児《に》用《よう》バッグがある。

成人バッグ

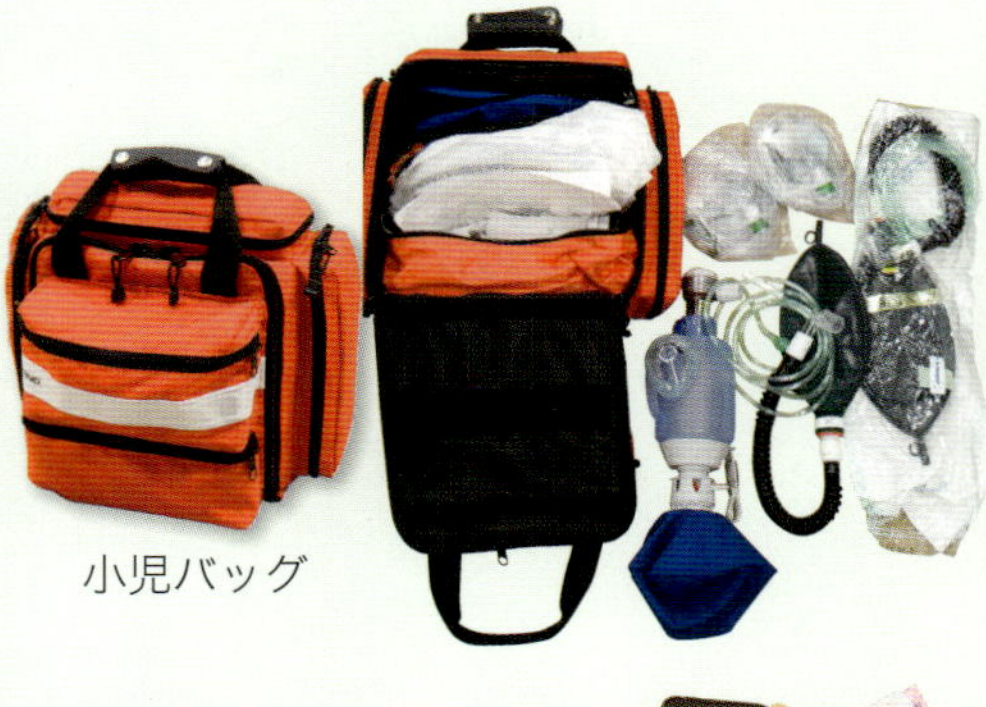

小児バッグ

ナースバッグ

ドクターヘリの機内（斜《なな》め前から後方）

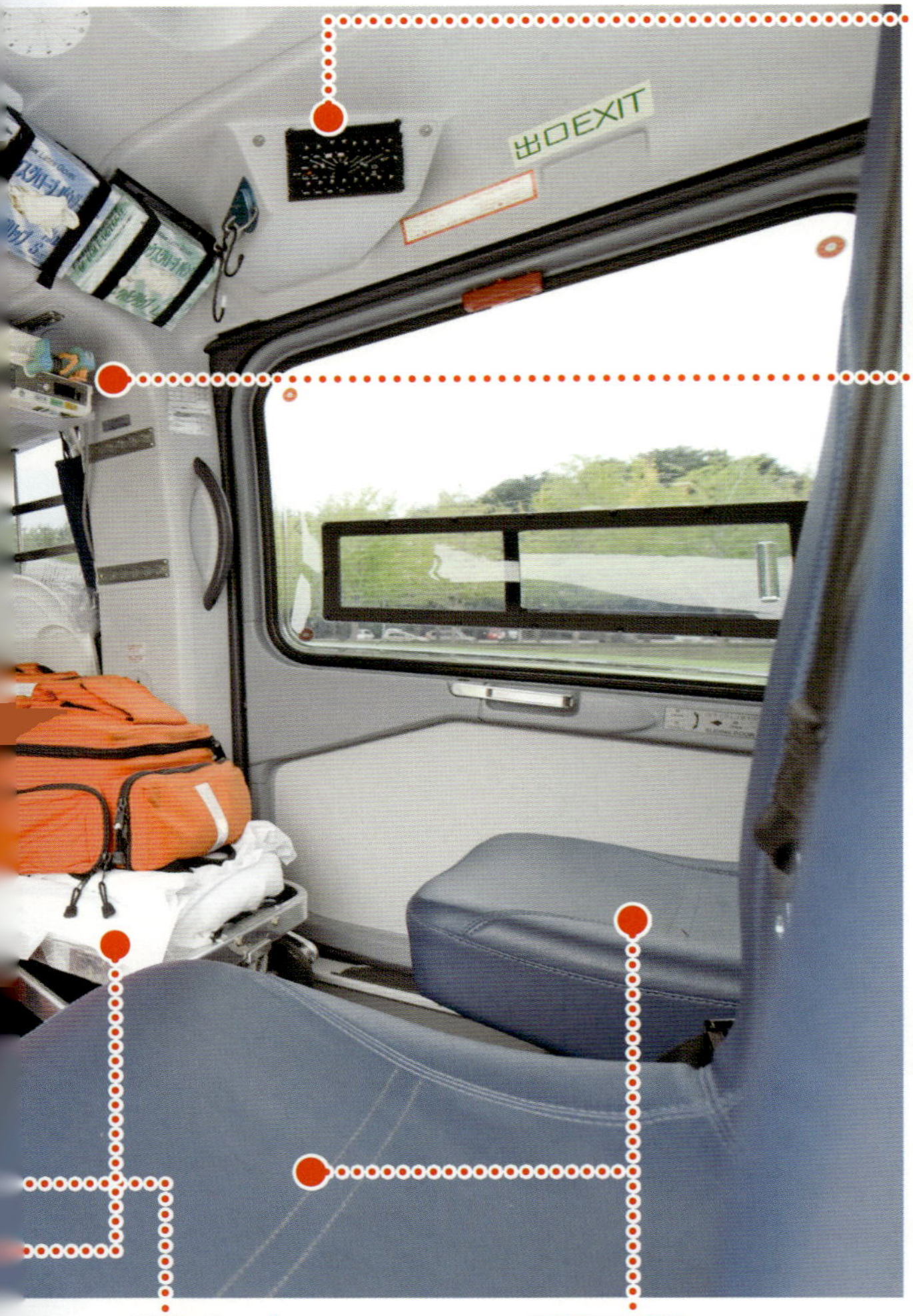

● **通信用コントロールパネル：**
飛行中、医療《いりょう》無線や消防無線などを使用するための通信用切りかえスイッチ。

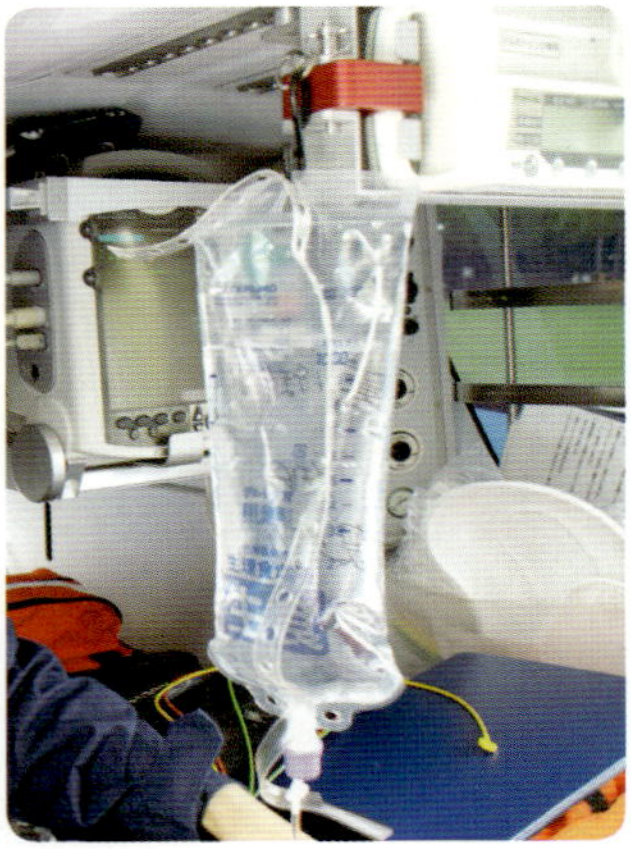

● **シリンジポンプ：**
薬剤《やくざい》を少しずつ連続して精密に投与《とうよ》するときに使う。

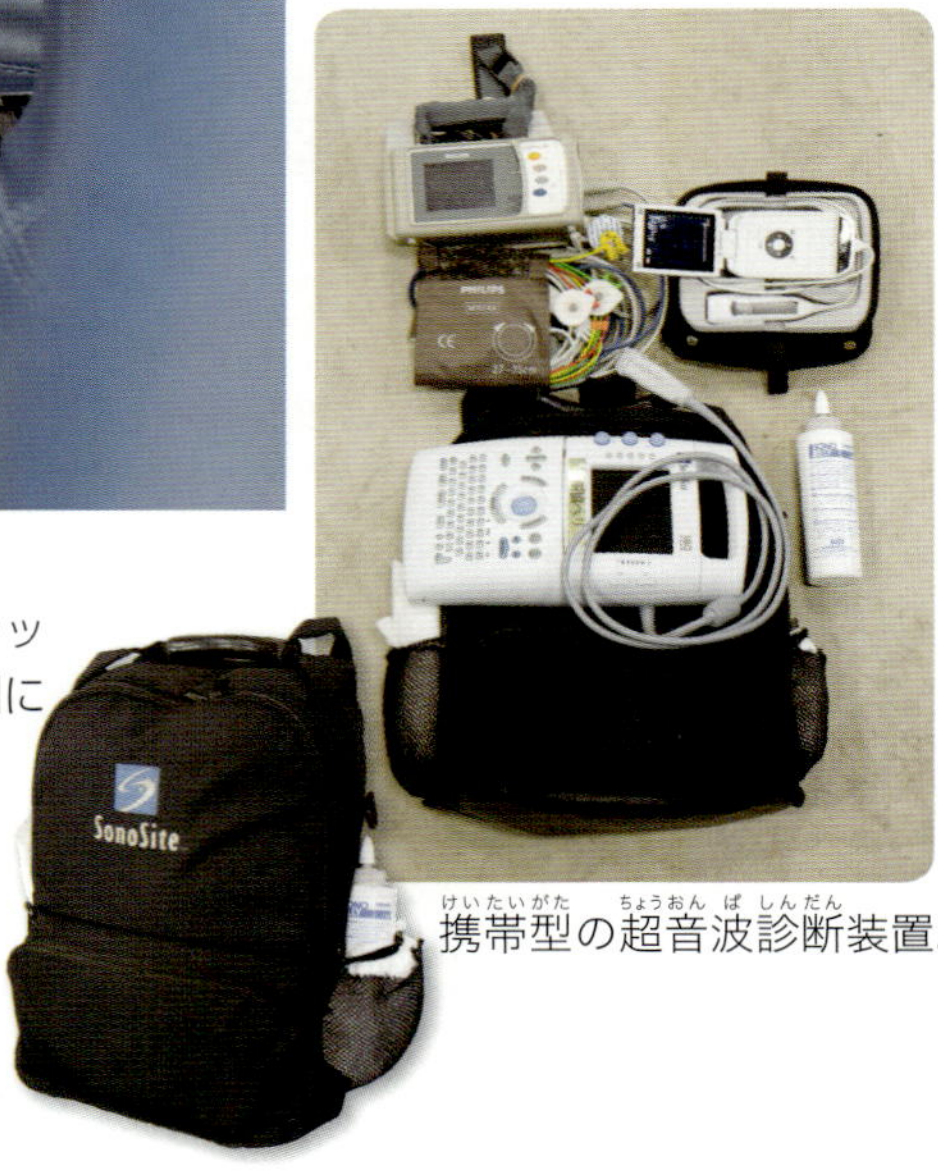

携帯型《けいたいがた》の超音《ちょうおん》波《ぱ》診断《しんだん》装置。

● **救急バッグ：**
救急医薬品や医療《いりょう》資器材などを入れるためのバッグ。

● **医師用座席：**
医師はストレッチャーの頭側に着席する。

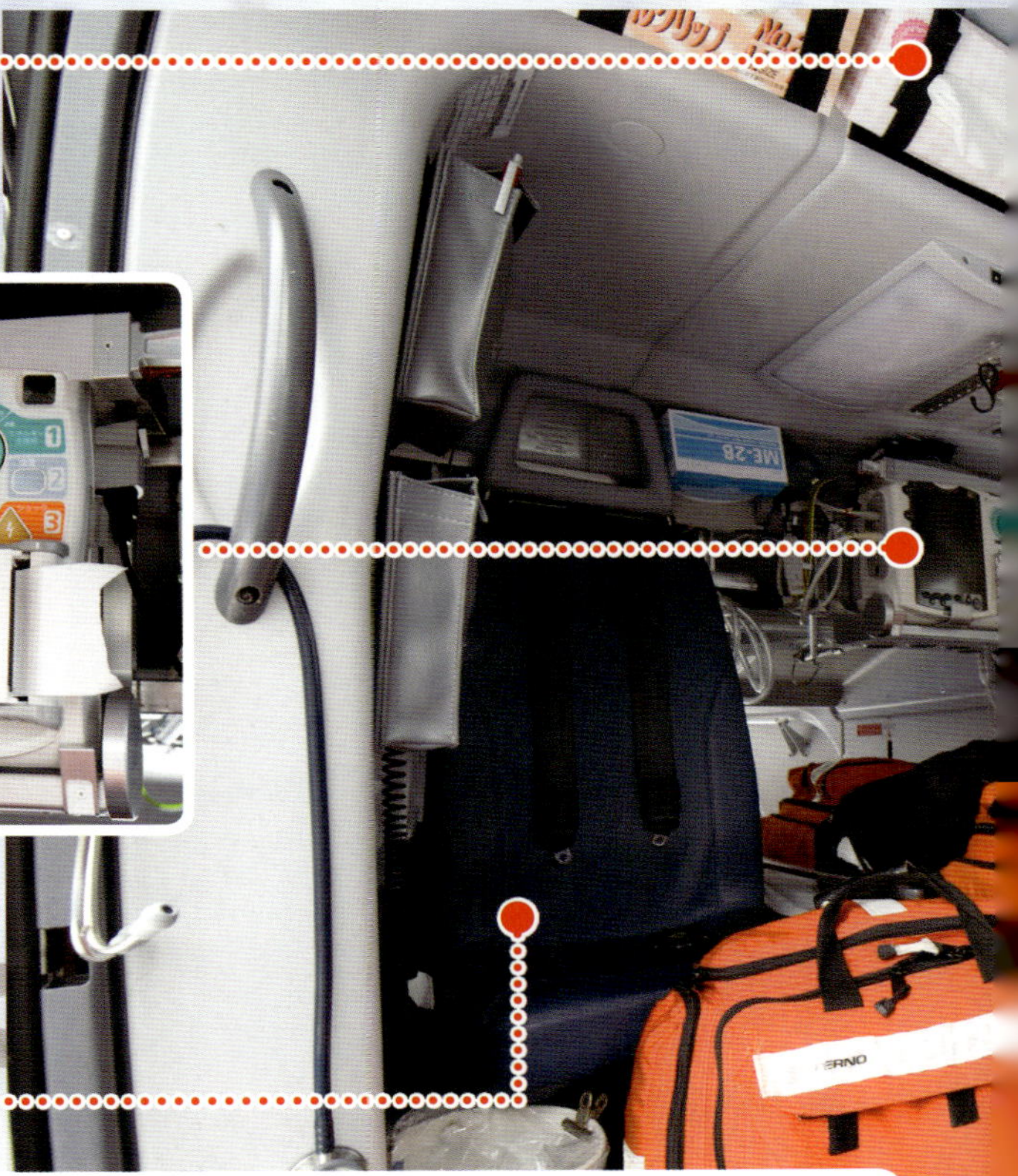

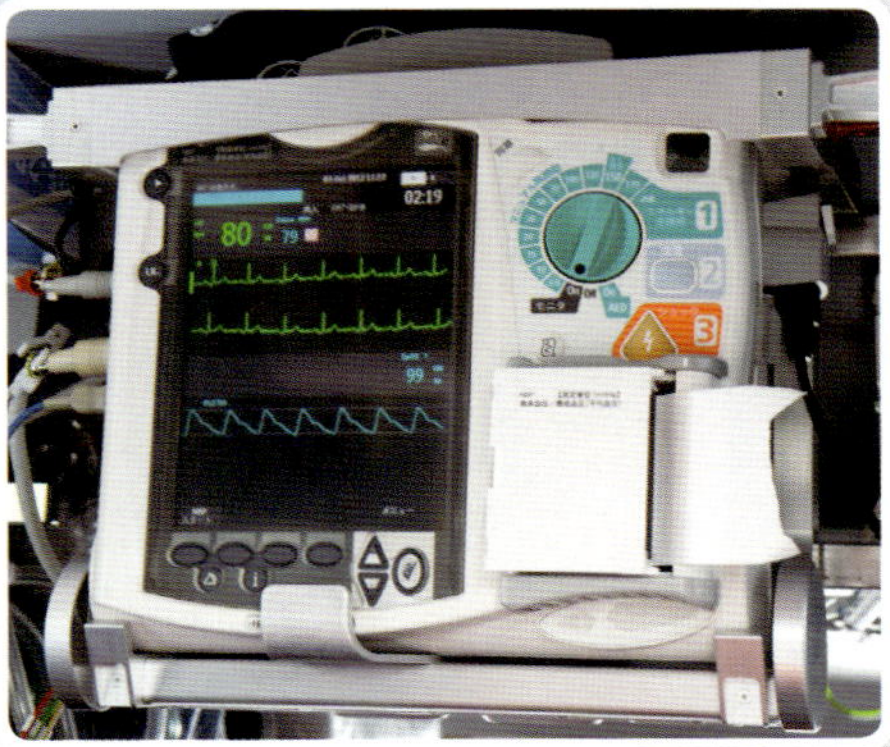

●医療用《いりょうよう》手ぶくろ：
サイズのちがう
ものが３種類。

●患者監視用《かんじゃかんしよう》モニター：
血圧や心電図などを表示
する。

●看護師用座席：
看護師はストレッ
チャーのわきに着席
する。

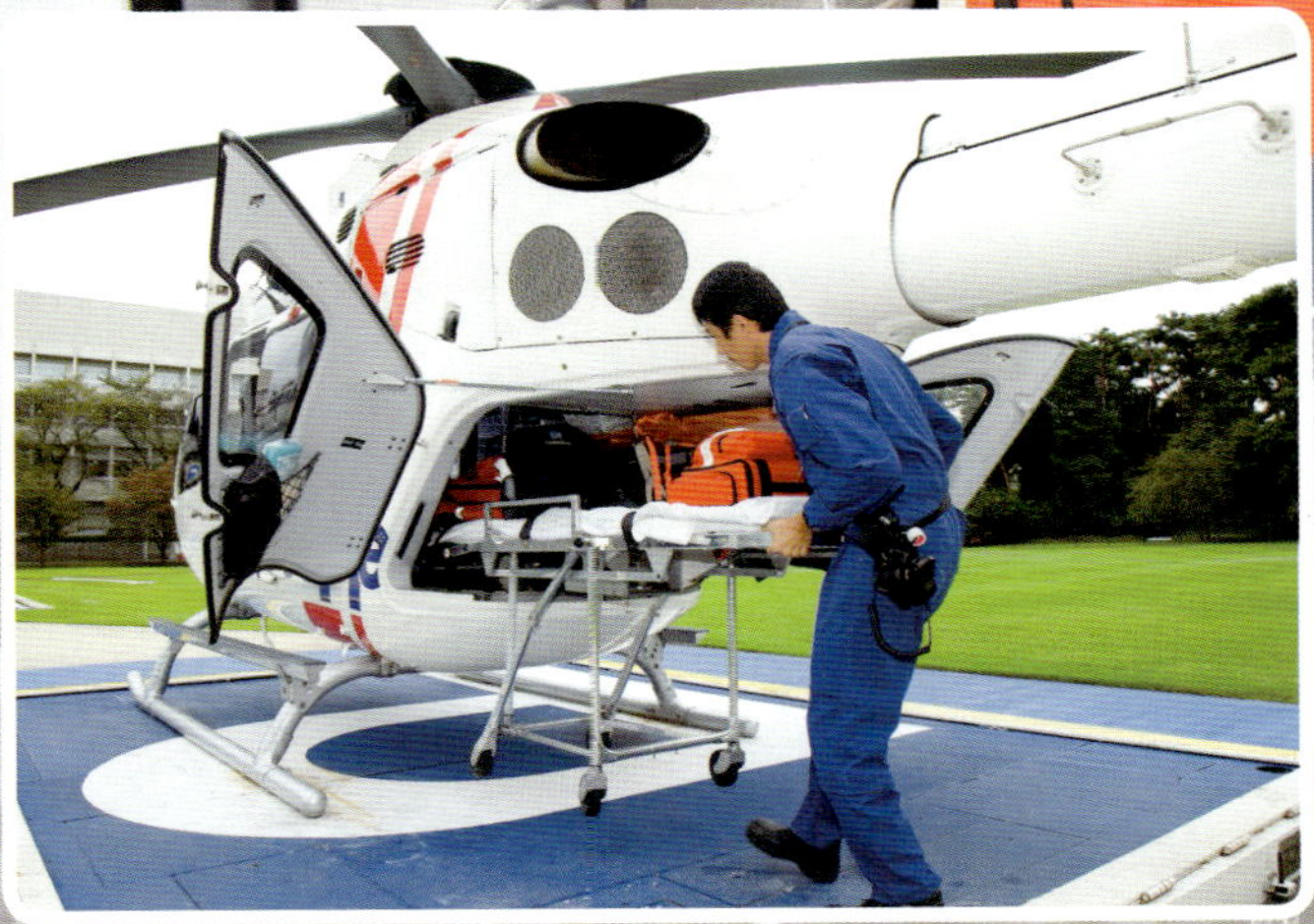

●ストレッチャー：患者《かんじゃ》を運ぶときにつかう車輪つきの担架《たんか》。

ドクターヘリのクルー

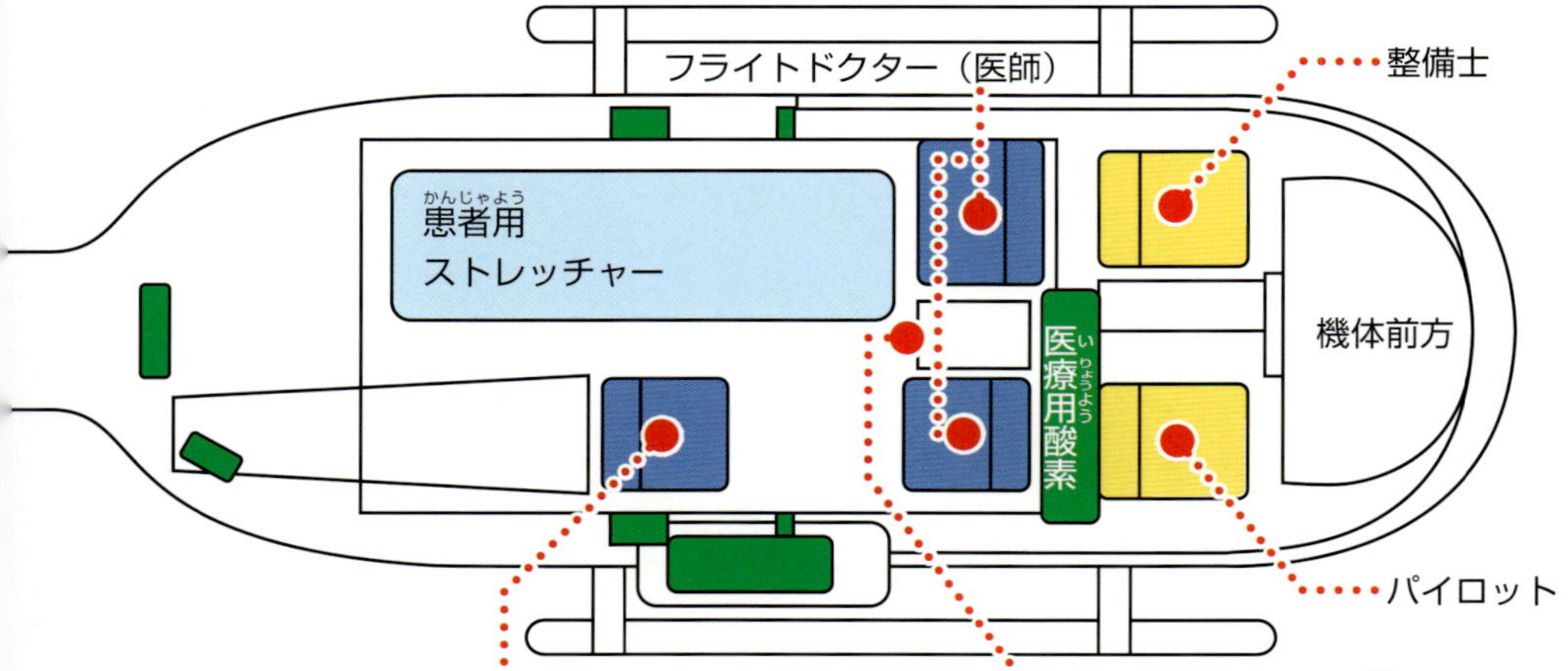
フライトナース（看護師）
1名のときはストレッチャー側に座《すわ》る

出動の要請《ようせい》が入り、運航管理室から無線を受けてヘリに直行。

格納庫《かくのうこ》で、その日ドクターヘリに搭乗《とうじょう》する医師、看護師、パイロット、整備士のミーティング。

出動の要請を受けてから3分以内に出発。かけこんで飛び乗ることもある。

その日に搭乗する医師、看護師、パイロット、整備士の写真がはられたボード。日没《にちぼつ》時間がなぜ必要かは、本文で紹介。

運航管理士のいる運航管理室でドクターヘリの関係者全員そろっての打ち合わせ。

医療《いりょう》スタッフは医師1名（状況《じょうきょう》により2名）と看護師1名が必ず搭乗。

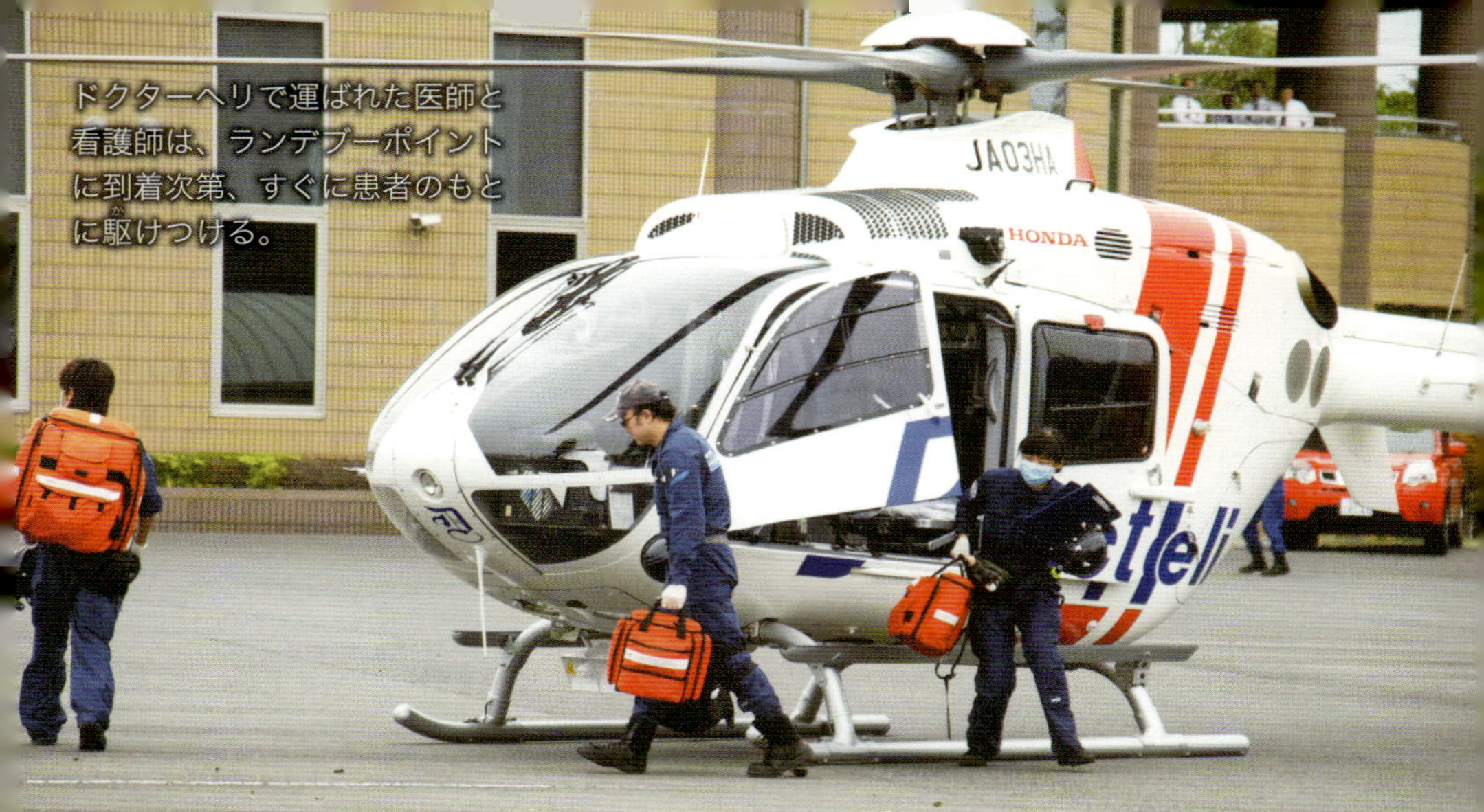

ドクターヘリで運ばれた医師と看護師は、ランデブーポイントに到着次第、すぐに患者のもとに駆《か》けつける。

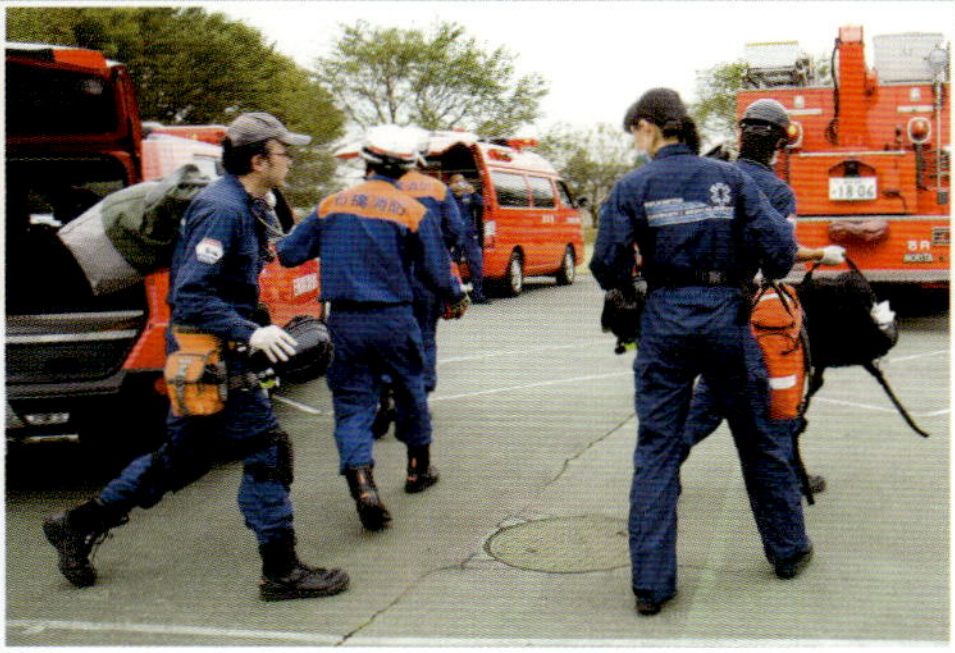

ランデブーポイントから消防車両に乗りかえて現場に直行することも。

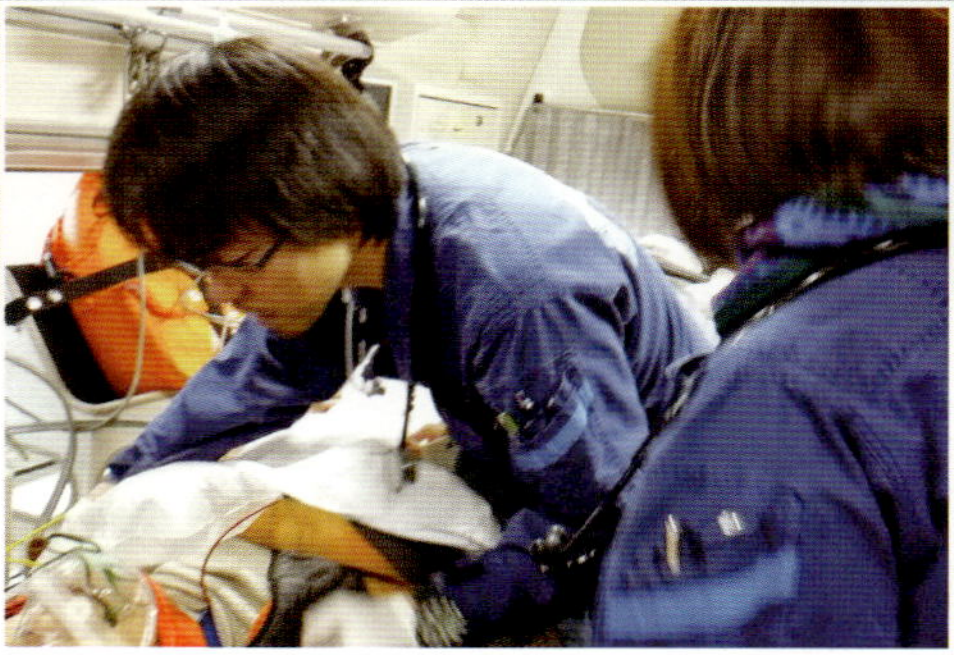

救急車のなかで医療《いりょう》処置をおこなう医師と看護師。

ドクターヘリの搭乗《とうじょう》クルー。左からパイロット、整備士、看護師、医師。

空飛ぶ救命救急室
ドクターヘリの秘密

著／和氣晃司

はじめに

およそ10年前の２００８年7月のことです。『コード・ブルー　ドクターヘリ緊急救命《きんきゅう》』というテレビドラマがはじまると、大人気。その2年後、「月９（げつく）」と呼ばれる視《し》聴率《ちょうりつ》の比較的高い時間帯で続編が放送され、人気が再燃。しかも「月９」枠《わく》で医療《いりょう》ドラマを取りあげるのは、今作がはじめて。そして２０１7年7月、「月９」枠で再び続編を放送。ついに２０１８年7月には、その映画化が予定されています。

「ドクターヘリ」とは、救急医療専用に活動するヘリコプターのことです。医師と看護師がヘリコプターに乗りこんで患者《かんじゃ》のところへ向かい、現場で、また現場から医療機関へ搬《はん》送《そう》するまでの機内で、患者に救命医療をおこないます。

こうした活動は、日本では「航空救急医療活動」に含《ふく》まれます。航空機といっても、アメリカ、カナダ、オーストラリアなどの広大な国土面積の国では、飛行機も使われていますが、日本はおもにヘリコプターを使います。そのため、日本では航空救急医療活動といえば、ヘリコプター、「ドクターヘリ」と名づけられました。ドクターヘリによる医療活動は、英語でHelicopter《ヘリコプター》 Emergency《エマージェンシー》 Medical《メディカル》 Service《サービス》（ヘリコプター救急医療サービス）といい、その頭文字をとって「ＨＥＭＳ《ヘムス》」ともよばれています。

僕《ぼく》は、２０１０年からドクターヘリに乗ってきた栃木県の獨協《どっきょう》医科大学病院の医師ですが、活動範囲《はんい》は栃木県内に限らず、茨城県、群馬県にまたがります。

その僕が今回、機会をいただいてドクターヘリの実態を本にまとめることにしたわけは、ドラマや映画が、あまりにも上手に「演出」されているからにほかなりません。

『コード・ブルー』は、僕もよく存じ上げている先生が監修《かんしゅう》したもの。内容はとてもしっかりしています。ですが、ドクターヘリの現実とは違うところもあり、「誤解」を生むともかぎらない演出も見られます。ひとことでいって、実際のフライトドクターは、かっこいいどころか、どちらかといえば地味《じみ》な毎日の連続です。俳優さんのように、かっこいいわけではありません。

僕《ぼく》は、8年前ドクターヘリにかかわるようになったときから、ドクターヘリや、フライトドクターをはじめとする関係者の仕事について、より多くの人たちに知っていただきたいと思っていました。

救急車は、患者《かんじゃ》さんのいる場所まで行き、接触した後に搬送《はんそう》しますが、ドクターヘリは、つねに現場近くまで行くことができるというわけではありません。

えっ！　どういうこと？　と思う人も多いのではないでしょうか。

でも、ちょっと考えていただければすぐにわかります。

ヘリコプターは、降りる場所が限られています。街や、住宅地などに着陸できないのは、すぐにわかっていただけるでしょうし、山岳《さんがく》地帯であっても、救急医療《いりょう》を必要とする人の近くには容易《ようい》に着陸できません。

急病人やけが人が医師を求めているとき、まず救急車が現場に向かいます。消防がドクターヘリを要請《ようせい》すると、病院から医師が現場近くにあらかじめ設定されている「ランデブーポイント（臨時離着陸場《りんじりちゃくりくじょう》）」（→p25）までヘリコプターで行きます。そこで、救急車と合流して、現場から搬送されてきた患者さんに医師が救急医療を開始。この際、もっとも重要なのが、ドクターヘリと救急車との連携《れんけい》です。これは、いわれてみれば、だれも不思議に思わないかもしれませんが、ふと見逃《みのが》されがちなことです。

実は、東京都には、ドクターヘリが導入されていません。その理由がわかるでしょうか。東京は、建物や電柱、電線などが林立し、ヘリコプターが着陸しづらいから？　でも、イギリスの首都ロンドンでは、ドクターヘリが活躍しています。

もとより、日本では、なぜ現場付近の路上に着陸するのではなく、臨時離着陸場で救急車とドクターヘリが合流する「ランデブー方式」がとられているのでしょうか。

この本では、こういった疑問に答えながら、ドクターヘリについて詳《くわ》しくお話しさせていただきます。

また、ドラマや映画を見て、ドクターヘリに関心をもつようになり、将来、フライトドクターやフライトナースになりたいという人のために、「〇〇になるには」という章もつくりました。

かく申す僕《ぼく》を自己紹介《しょうかい》させていただくと、1993年、獨協《どっきょう》医科大学を卒業、医師国家試験に合格し、その後、獨協医科大学病院、第1麻酔《ますい》科学《かがく》教室に入局しました。

そもそも「麻酔」とは、患者《かんじゃ》さんが手術を受ける際に、不安を和《やわ》らげ、痛みを除去し、さらに手術を執刀《しっとう》する医師が手術する部位（術野《じゅつや》という）に集中できるように、無動化（ピクリとも動かないようにすること）をはかる医療《いりょう》のことです。

僕が大学5年生の麻酔科病院実習のときでした。患者さんに対して種々の薬剤《やくざい》を投与《とうよ》して全身麻酔を導入。薬剤を精密医療機器を用いて微調整したり、麻酔器という大型の呼吸回路を操作したりしている医師の姿は、とてもスマートに見えました。大きな手術が終了したのち、再び覚醒《かくせい》した患者さんが痛みを訴《うった》えずに手術前と同じように会話をするのを見て、ものすごく感動したのを今でも覚えています。

そうした僕が、その後、どうしてドクターヘリに乗るようになったのか。この点についても、後ろの章で書かせていただきます。そこからも、ドクターヘリの実態や役割をお伝えできるのではないかと思っていますが、果たしていかがでしょうか。

なお、この本は、書き始めたものの日常の業務に追われ、脱稿《だっこう》するまでおおよそ3年近くの時間がかかってしまったことを付記《ふき》します。

獨協《どっきょう》医科大学病院　和氣晃司《わけこうじ》

もくじ

第一章

Q&A式ドクターヘリ基礎《きそ》知識

■ドクターヘリに関する○×クイズ

まずはじめに、ドクターヘリについて、どのくらいの知識があるか、みなさんに試していただきます。クイズといえども、当たり・はずれではなく、しっかり考えて答えてほしいと思います。

Q1 ドクターヘリは、誰《だれ》でも出動要請《ようせい》ができる。 答え→p41

Q2 ドクターヘリは、救急車と同様に消防庁の管轄《かんかつ》に入る。 答え→p19

Q3 ドクターヘリには、医療《いりょう》スタッフとして、医師と看護師各1名が必ず乗る。 答え→p68

Q4 ドクターヘリには、必ず整備士も乗っていく。 答え→p78

Q5 ドクターヘリには、運航管理士が乗っていくこともある。 答え→p68

Q6 ドクターヘリには、患者《かんじゃ》は1人しか乗せられない。 答え→p41

Q7 ドクターヘリは、24時間いつでも出動できるように待機している。 答え→p51

Q8 ドクターヘリは、安全が確保できる場所なら、どこにでも着陸できる。 答え→p28

Q9 ドクターヘリは、着陸しないで患者をつりあげて救出することがある。 答え→p34

Q10 ドクターヘリの出動回数は、一日3回までと法律で決められている。 答え→p43

Q11 ドクターヘリには、医薬品は搭載《とうさい》されていない。 答え→p43

Q12 ドクターヘリには、電子医療機器は搭載されていない。 答え→p43

Q13 ドクターヘリと救急車とは、無線でつながっている。 答え→p43

Q14 ドクターヘリの巡航《じゅんこう》速度は、時速200キロメートルを超《こ》すことがある。 答え→p38

Q15 ドクターヘリがランデブーポイントに到着するのは出動要請から30分以内である。 答え→p50

Q16 ドクターヘリのシステムを世界ではじめてつくったのは、ドイツである。 答え→p16

Q17 現在、ドクターヘリが世界一多く活躍している国は、アメリカである。 答え→p17

Q18 現在、東京、大阪、名古屋、福岡では、ドクターヘリを使用していない。 答え→p60

Q19 日本では、ドクターヘリを利用すると患者《かんじゃ》または家族に出動費用が請求《せいきゅう》される。 答え→p36

Q20 日本のドクターヘリの予算には、税金が使われている。 答え→p24

みなさんは、右の20問のクイズのうち、いくつ正解できたでしょうか。解説はあとにして、まず答えをお知らせします。

Q1 ×	Q2 ×	Q3 ○	Q4 ○	Q5 ×	Q6 ×	Q7 ×	Q8 ×	Q9 ×	Q10 ×
Q11 ×	Q12 ×	Q13 ○	Q14 ○	Q15 ○	Q16 ○	Q17 ○	Q18 ×	Q19 ×	Q20 ○

それでは、早速《さっそく》クイズの解説をとも思いましたが、みなさんがどの程度正解されたかわからないので、ドクターヘリの基礎《きそ》知識をしっかり説明していくなかで、クイズの正解をおりまぜていくことにします。

クイズの正解が記されている箇所《かしょ》には、**Q○の答え**と示します。

全クイズを僕《ぼく》なりにモニターしたところ、もっとも間違《まちが》いやすかったのが、Q7「ドクターヘリは、24時間いつでも出動できるように待機している」でした。

これは、おそらく救急医療《いりょう》だから24時間体制であって当然と思ったからではないでしょか。でも、ちょっと考えてみてください。ヘリコプターは、いつでも飛べるでしょうか？

みなさんが間違いやすかったポイントは何だったのか、次のページ以降を楽しみに読んでください。

■世界のドクターヘリ

あまり知られていないようですが、「ＨＥＭ《ヘム》－Ｎｅｔ《ネット》」という団体があります。

これは、「はじめに」で記したＨＥＭＳ《ヘムス》（Helicopter《ヘリコプター》 Emergency《エマージェンシー》 Medical《メディカル》 Service《サービス》）の「ＨＥＭ」に、Ｎｅｔ（Network《ネットワーク》）をつけたもので、特定非営利活動法人（ＮＰＯ《エヌピーオー》）救急ヘリ病院ネットワークのことです。１９９９年12月に発足して以来、ヘリコプターによる救急医療《いりょう》システムの普及促進《ふきゅうそくしん》を目的として非営利で活動しています。

このＨＥＭ－Ｎｅｔによると、ドクターヘリをいち早く導入したのはドイツで、１９７０年でした **Q16の答え** 。その後ドクターヘリはどんどん普及《ふきゅう》し、２０１２年には、約80病院に設置され、ドイツ全土をくまなくカバーするようになりました。現在ドイツでは、１つの基地病院は半径約50キロメートルを担当地域としているといいます。

その後ヘリコプターによる救急医療システムは、ドイツから各国へ広がっていきました。

左の表は、おもな国のようすです。

国	開始年	国土面積＊	拠点数《きょてんすう》
・ドイツ	1970	357	78
・アメリカ	1972	9366	846
・スイス	1973	41	13
・オーストリア	1983	84	28
・フランス	1983	544	30
・イギリス	1987	243	34
・イタリア	1987	301	51
・スペイン	1989	506	25
・オランダ	1995	42	4

＊単位1000平方メートル。

Q17の答え

今ではドクターヘリは、ヨーロッパやアメリカでは決して珍《めずら》しいものではなくなり、救急車と同じように日常的に使われています。

HEM《ヘム》－Net《ネット》のホームページ。（http://www.hemnet.jp/）

もちろん、それぞれの国によって事情は大きく異なりますし、同じ国のなかでも都市部と山岳部《さんがくぶ》では、状況《じょうきょう》が違《ちが》っています。でも、前ページの国ぐにでは、ドクターヘリの導入によって医師不足や医療過疎《いりょうかそ》の問題など、さまざまな問題が解決されてきました。

■日本のドクターヘリ

1995（平成7）年1月17日、阪神《はんしん》・淡路大震災《あわじだいしんさい》が発生。破壊《はかい》された道路や倒壊《とうかい》した建物などにより、消防車両等が進入できず、被災地《ひさいち》は陸の孤島《ことう》と化してしまいました。

その当時から消防には、消防防災ヘリというヘリコプター（→p33）がありました。しかし、震災発生当日にヘリコプターで運ばれた人は、わずか1名のみでした。消防や警察の所有しているヘリコプターは、それぞれ本来の業務でフル稼働《かどう》していて、被災者を安全な病院に搬送《はんそう》するような業務まで対応できなかったのです。

このことは、世界を驚《おどろ》かせました。「日本ほどの先進国でなぜ？」と。実は、日本でも、救急医療用ヘリコプターの試みは、それ以前になかったわけではありませんでした。１９８１（昭和56）年に、岡山県の川崎《かわさき》医科大学附属病院が、１９８３（昭和58）年には静岡県の聖隷三方原《せいれいみかたはら》病院が一時的に運用したことがありました。しかし、この２例は民間のヘリコプターを用いての医療であり、正式なものではありませんでした。

その後、さまざまな試行的事業の結果、救急医療にヘリコプターを使用することが有効であるとの判断に至り、２００１（平成13）年４月にドクターヘリの正式運用が開始されたのです。管轄《かんかつ》は、厚生省（現在の厚生労働省）です **Q2の答え** 。

こうして、同年４月に川崎医科大学附属病院、10月には聖隷三方原病院と千葉県の日本医科大学千葉北総《ちばほくそう》病院でドクターヘリの事業が始まりました。

２００７（平成19）年６月には、ドクターヘリを全国に配備するという目標を掲《かか》げ、自治体の協力義務や助成団体を定めた「救急医療用ヘリコプターを用いた救急医療の確保に関する特別措置法《そちほう》」が施行《しこう》されます。また、ＨＥＭ－Ｎｅｔ《ヘムネット》（→p16）が、ドクターヘリの必要性を広く訴《うった》えて、医師・看護師の研修助成事業などを始めます。その結果、２０１２

（平成24）年11月に、34道府県で40機だったドクターヘリが、２０１８（平成30）年3月現在では、日本全国42道府県で52機が活躍しています（→p68）。

◉ドクターヘリにかかわる年表

1996年	消防庁に「ヘリコプターによる救急システム検討委員会」発足。
1999年　7月	内閣《ないかく》内政審議室《しんぎしつ》に「ドクターヘリ検討委員会」が設立。
1999年　10月	厚生省が岡山県の川崎《かわさき》医科大学附属病院高度救命救急センターと神奈川県の東海大学医学部附属病院救命救急センターで「ドクターヘリ試行的事業」を開始。
1999年　12月	特定非営利活動法人「救急ヘリ病院ネットワーク」（HEM《ヘム》-Net《ネット》）設立。
2001年　4月	川崎医科大学附属病院にて岡山県ドクターヘリ運航開始。
2001年　10月	聖隷《せいれい》三方原《みかたはら》病院と日本医科大学千葉北総《ちばほくそう》病院にて静岡県・千葉県ドクターヘリ運航開始。
2007年　6月	「救急医療《いりょう》用ヘリコプターを用いた救急医療の確保に関する特別措置法《そちほう》」（ドクターヘリ法）公布。
2008年	経済財政改革の基本方針「骨太の方針2008」にドクターヘリの整備が打ち出される。

2010年　1月	獨協《どっきょう》医科大学病院にて栃木県ドクターヘリ運航開始。
2011年　3月	東日本大震災。各地から応援に駆《か》けつけたドクターヘリ16機が災害医療活動に従事。また福島第一原子力発電所事故の復旧にかかわっていた作業員をドクターヘリが搬送《はんそう》。
2012年　5月	日本航空医療学会が「ドクターヘリ事業運航実績報告」を発表。1999年の試行段階を含《ふく》めたドクターヘリ運航実績が6万件を突破《とっぱ》したことを報告。
2012年　10月	青森県で2機目のドクターヘリ運航開始。基地病院は青森県立中央病院・八戸《はちのへ》市立市民病院で2機相互《そうご》協力運航に。
2013年	5月、広島大学病院・県立広島病院にて広島県ドクターヘリ運航開始、また、11月、兵庫県立加古川《かこがわ》医療センターにて兵庫県南部ドクターヘリ運航開始。
2014年　1月	佐賀大学医学部附属病院にて佐賀県ドクターヘリ運航開始。
2015年	2月、市立函館《はこだて》病院にて、4機目の北海道ドクターヘリ運航開始。8月、富山県立中央病院にて、富山県ドクターヘリ運航開始。
2018年　3月	鳥取大学医学部附属病院にて鳥取県ドクターヘリ運航開始。

■「ドクターヘリ特別措置法《そちほう》」

日本では、もともとヘリコプターは、航空法施行《しこう》規則第176条の規定にしたがうことになっていて、今日のドクターヘリのような民間のヘリコプターは、救急医療用《いりょうよう》に飛行させることができませんでした。そのため、2001年の正式な運航開始に当たり、法律の改正が検討されました。

ところが、すぐに改正するわけにもいかず、各方面での検討に時間がかかりました。その結果、第176条に第2号という項目がつくられ、消防からの要請《ようせい》による出動が可能となりました。そして、2007（平成19）年6月27日に国会で改正法案が成立。それが、「救急医療用ヘリコプターを用いた救急医療の確保に関する特別措置法《そちほう》」、いわゆる「ドクターヘリ特別措置法」です。

そのおもな内容は、左のとおりです。

・国民が健康で安心して暮らせる社会の実現のためには、良質で適切な医療体制が必要で、それには、全国的にドクターヘリの確保が必要。
・ドクターヘリの定義としては、「救急医療に必要な機器や医薬品を搭載《とうさい》し、高度医療機関の一部として配備されていることと、医師が出動要請に応じてすぐに搭乗《とうじょう》できる状態にあること」としている。
・救急現場にドクターヘリで向かった医師が、その場で必要な治療を施《ほどこ》し、患者を病院へ搬送《はんそう》する態勢を全国的に整備する。
・厚生労働大臣が定める「基本方針」中に、ドクターヘリの確保に関する事項《じこう》を定めること。
・各都道府県が医療計画のなかにドクターヘリの目標、病院および関係者の連携《れんけい》に関する事項を定めること。具体的には、医師、消防、行政職員、学識経験者などが協議して、ドクターヘリ出動のための連絡体制や基準などの措置を講ずること。
・ドクターヘリが患者《かんじゃ》の近くに着陸できるように、国、都道府県、市町村、道路管理者に協力を求める。

その後、この法律が制定されたのを契機《けいき》として、ドクターヘリを導入する機運が全国的に高まっていきます。翌年の2008（平成20）年度からは、ドクターヘリの運航費のうち、都道府県負担部分が、国の特別交付税交付金の交付対象となり、これにより、ドクターヘリの導入が加速されました。その財源は、都道府県負担部分も特別交付税交付金も国民の税金によるものです Q20の答え。

◉救急車で医療《いりょう》活動ができない日本

日本では、救急車は医師法第17条によって医業が禁じられています。

「医業」とは、業（職業・仕事）として医療《いりょう》行為をおこなうことを指《さ》します。医師法第17条に「医師でなければ医業をなしてはならない」と明記され、医師（医師免許《めんきょ》を持つ者）以外がおこなうことが禁じられています。

また、近年、救急車には救急救命士が同乗するようになりましたが、それでも、救急救命士に認められていることは診療《しんりょう》の補助となるような一定の処置だけです（救急救命法第

43条）。

救急車は、患者《かんじゃ》を少しでも早く病院に搬送《はんそう》しなければなりません。しかし、最寄《もよ》りの場所に受け入れ病院があるとは限りません。交通事情により時間がかかってしまうこともあります。

■「ランデブー方式」とは

日本のドクターヘリは、当初より「ランデブー方式」といわれる運用がおこなわれています。これは、ドクターヘリがランデブーポイントに着陸して、患者を乗せた救急車と待ち合わせ、合流するやり方のことです。

「ランデブーポイント」とは、ドクターヘリが救急車と合流するための臨時離着陸場《りんじりちゃくりくじょう》のことをいいます。「ランデブー」はフランス語の「会う約束《やくそく》」、「ポイント」は英語の「場所」の意味です。

ドクターヘリ運航事業をはじめるにあたり、予《あらかじ》め各道府県内に運航調整委員会が設置されます。この委員会では、厚生労働省の定めた「ドクターヘリ導入推進事業」に基づき、ドクターヘリ事業を円滑《えんかつ》で効果的に推進するにはどうすればよいかなどが徹底《てってい》議論されます。そして救命効果を上げるために、ランデブーポイントを細かく決めます。

ランデブーポイントの多くは、学校のグラウンドや駐車場《ちゅうしゃじょう》、公園などですが、周囲に高い障害物がある場合、左に示すような基準を満たすものとなっています。

・たて横35メートル以上の平《たい》らな空《あ》き地《ち》であること。
・ドクターヘリの進入方向と出発方向に15メートル以上のビルや立ち木、電柱などの障害物がなく、安全が確保できること。

なお、国・都道府県・市町村・道路管理者などは、ランデブーポイントの確保に関して協力に応《こた》えるように、法律によって定められています（ドクターヘリ特別措置法《そちほう》7条）。

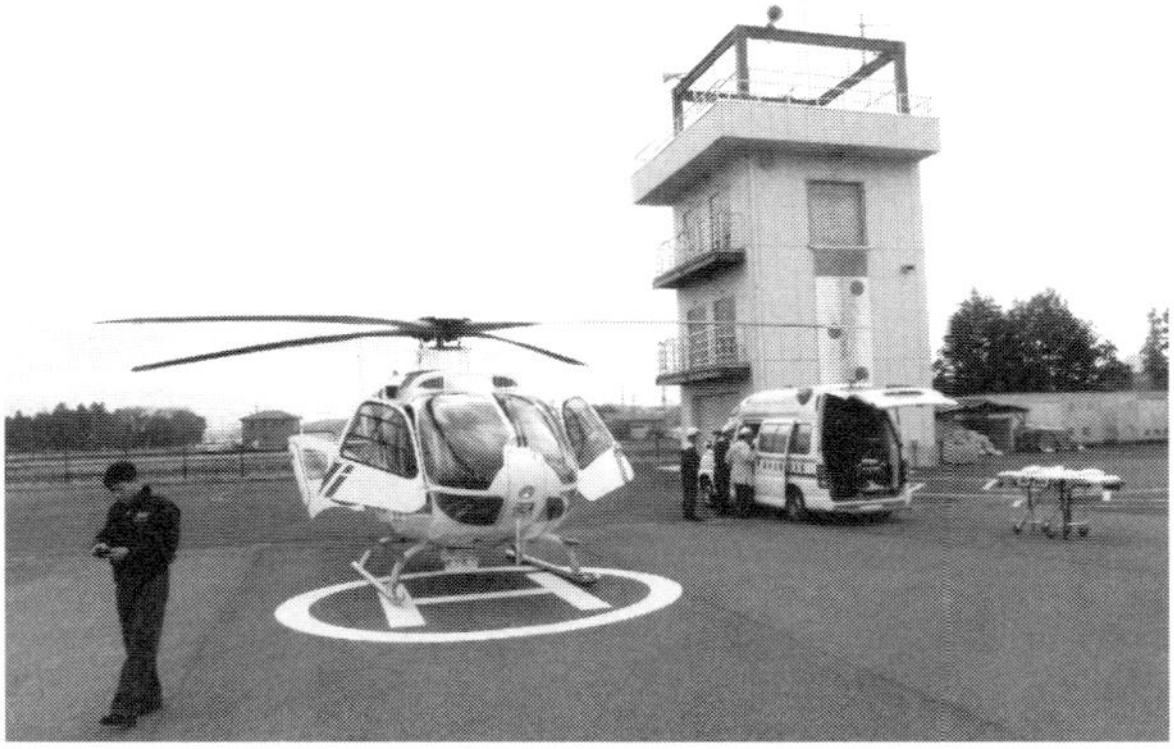

消防署にあるランデブーポイント。

ランデブーポイントになっている市内の公園。

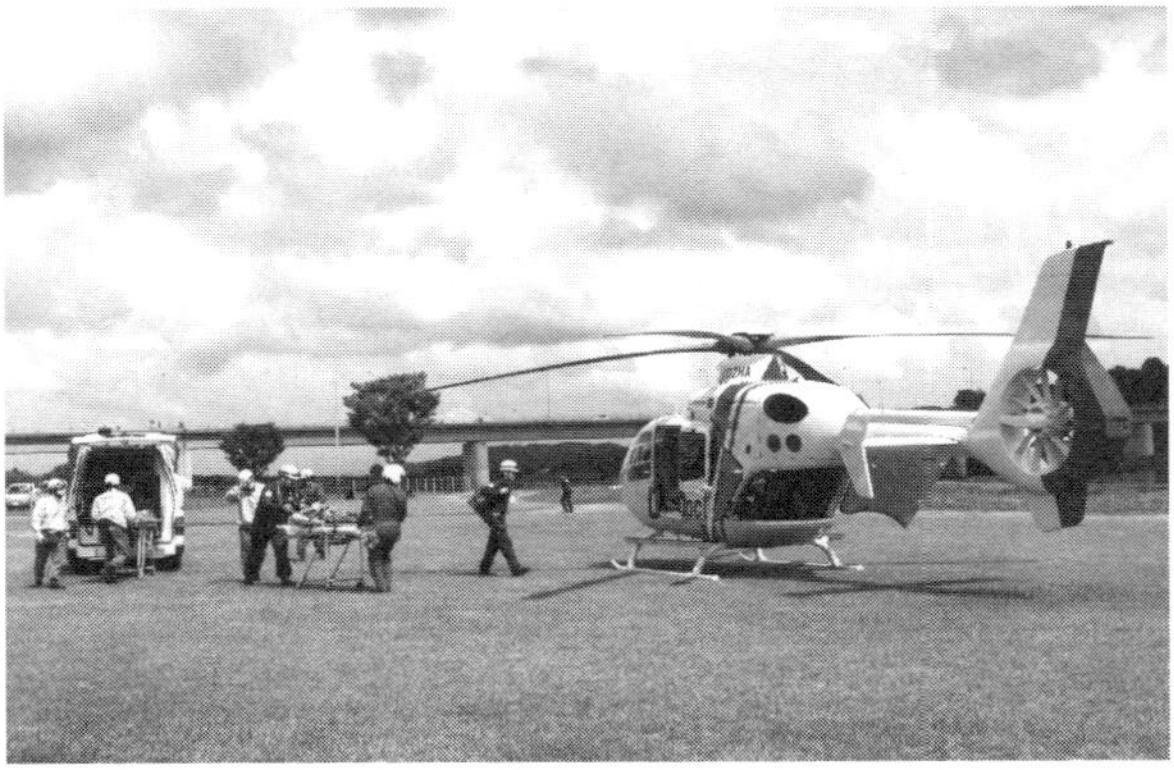

広い河川敷《かせんしき》もランデブーポイントにうってつけ。

では、なぜ日本では、こうしたランデブー方式がとられているのでしょう。

一つには、日本の住宅事情や交通事情により、ドクターヘリが患者《かんじゃ》のいる現場のすぐ近くに着陸できないことがあげられます **Q8の答え** 。交通事故現場のすぐ近くの路上にドクターヘリが着陸し、ただちに医療スタッフが活動することが当たり前のように思われている人もいるかもしれませんが、事故現場の路上に着陸させて医療活動をしたら、二重事故や二重災害などの原因ともなりかねません。だから、どこにでも降りられるわけではないのです。また、消防側で現場近くの「場」の安全が確保できたとしても、周囲の障害物などで離着陸《りちゃくりく》できない場合もあります。

ドクターヘリがランデブーポイントに着陸すると、医師と看護師は速《すみ》やかに救急車内に移動して診察《しんさつ》をおこないます。また、ランデブーポイントを起点として、消防の用意した車両などで患者の直近まで移動して診療《しんりょう》することもあります。現場からの救出に時間がかかったり、救出する前から医療の提供を求められたりするような場合などです。ランデブーポイントに向かっている救急車と道ばたなどで合流することで、患者と接触《せっしょく》するまでの時間を短縮させることもあります。その後、緊急度《きんきゅうど》や重症度《じゅうしょうど》を考慮《こうりょ》して受け入れ病院を選定し、ドクターヘリで搬送《はんそう》します。

ところが、病院は必ずしもヘリポートを持っているとは限りません。その場合には、患者を乗せたドクターヘリは、受け入れ病院近くのランデブーポイントに再び着陸し、医師と看護師が、そこに待機している救急車に乗り込んで、受け入れ病院まで搬送します。

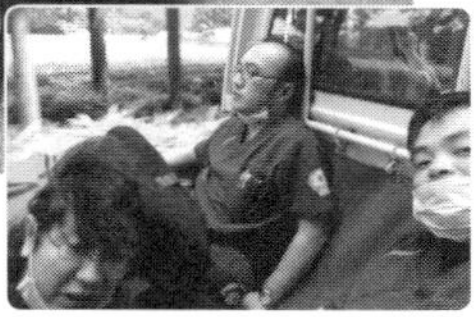

地元の消防団が用意した軽トラックの荷台に乗って、山奥の現場に移動。医師も看護師も山道で揺《ゆ》られてバテ気味。

消防車両で現場近くまで行くが、事故現場にいる患者《かんじゃ》には近づけず、救出されるのを待つこともある。

条件がそろえば、現場近くの路上にヘリが着陸。すぐに患者を収容し、搬送《はんそう》できる。

■ヘリポートの問題

「ヘリポート」は、ヘリコプターの発着場のことです。ヘリコプターは垂直に離着陸《りちゃくりく》できるため、滑走路《かっそうろ》はありません。アルファベットのH《エイチ》を円で囲んだ「Hマーク」で示されています。

ドクターヘリも消防防災ヘリコプターも、発着にはヘリポートが必要です。ドクターヘリの基地をもつ病院は、ヘリポートを設置しなければなりません。

設置場所は病院の屋上や敷地内《しきちない》ですが、ヘリポートの設置には国土交通大臣の許可が必要です。それだけではなく、近隣《きんりん》の住民の同意を得なければなりません。ヘリコプターは、かなり大きな騒音《そうおん》を出す

地元の人たちとの交流もかねて、ヘリポートの見学会を開くこともある。

ため住民に反対されることも多くあります。救命救急に必要なドクターヘリといえども、住民の同意を得なければどうしようもありません。

僕《ぼく》のいる獨協《どっきょう》医科大学病院のヘリポートは、病院の東側に位置し、もともとは大学のゴルフ部が練習に使用していた土地でした。２０００年に、消防防災ヘリの離着陸用に小さなヘリポートをつくりましたが、そのときは使用頻度《ひんど》が少ないためか、地域の人たちに説明会はおこなわなかったようです。しかし、２０１０年にドクターヘリの運航開始が決まった時点で、地元公民館で住民説明会を開催し、ヘリポート建設のための同意をいただきました。

獨協《どっきょう》医大のヘリポート。広い敷地《しきち》を利用して、ゆったりとつくられている。

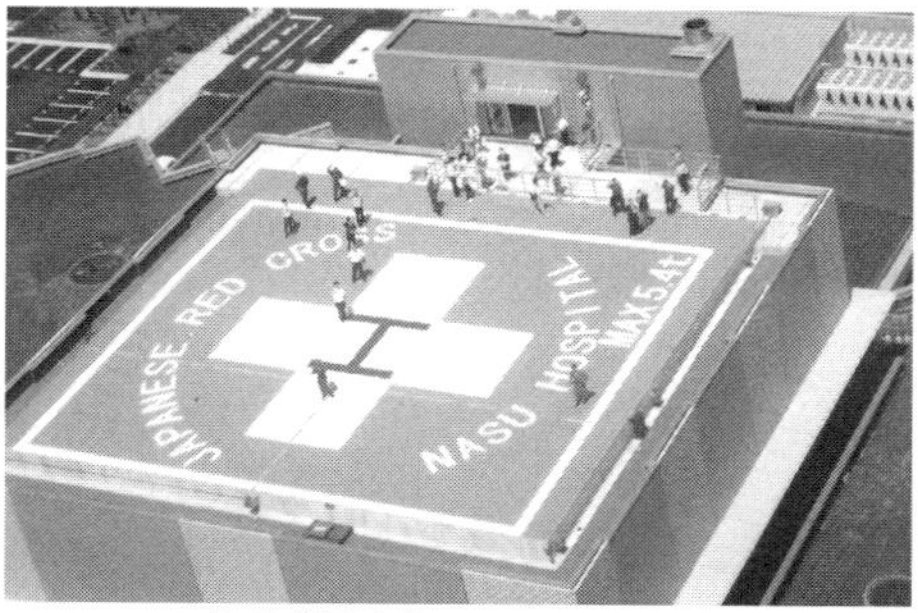

栃木県の那須赤十字《なすせきじゅうじ》病院の屋上にあるヘリポート。上空から「H《エイチ》マーク」が見やすい。

■全国のドクターヘリと救命救急センター

現在、厚生労働省では、患者の病気やけがの重症度《じゅうしょうど》によって、救急医療《いりょう》体制を「初期救急」「二次救急」「三次救急」の３段階に分類しています。

「救命救急センター」とは、その内の「三次救急」、すなわち、もっとも病状が重い救急患者《かんじゃ》に対し、救命措置《そち》や高度な医療をおこなう機関のことを指します。

ドクターヘリは、救命救急センターをもつ病院を基地としています。

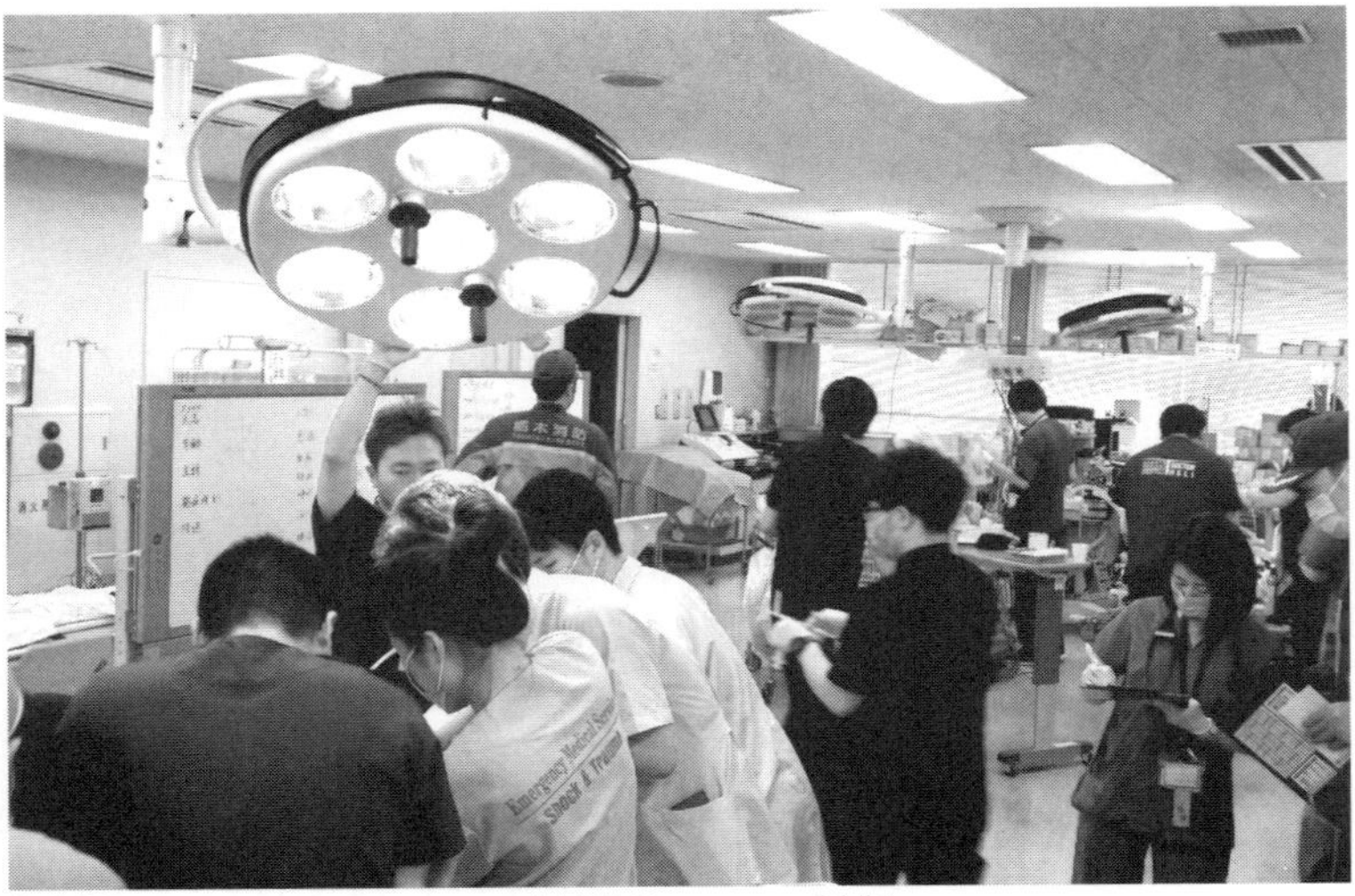

獨協《どっきょう》医大の救命救急センター初療室《しょりょうしつ》。複数の患者《かんじゃ》に対応することも多い。

◉3段階の救急活動

・初期救急―休日夜間急患《きゅうかん》センターなどによる、軽症《けいしょう》の救急患者の診療《しんりょう》。

・二次救急―病院群輪番制《りんばんせい》（地域内の病院が共同で順番に休日・夜間などにおける重症《じゅうしょう》救急患者の診療を受け入れる体制）などの病院で、入院や手術を必要とする重症救急患者に対する診療。救急車で搬送《はんそう》されてくることも多いが、地域の救急患者の初期診《しん》療《りょう》を担《にな》う。

・三次救急―初期救急・二次救急では対応できない生命の危機にある救急患者に対する救命措置や高度な医療を24時間体制で提供する。

■消防防災ヘリコプター

「消防防災ヘリコプター」とは、消防活動・救急活動を支援するために、東京消防庁と政令指定都市の消防局、都道府県（都と府を除く）、総務省消防庁などが保有するヘリコプターのことです。空中消火や救助活動・航空救急などに用いられています。大きさは、ドクターヘリに比べてかなり大きく、座席数も10～24席あります。

消防防災ヘリコプターの配備は、阪神《はんしん》・淡路大震災《あわじだいしんさい》を契機《けいき》として加速されました。震災1年後には11機ずつ増えていき、２０１８（平成30）年5月7日現在では76機（全国航空消防防災協議会調べ）に達しました。

しかし、これらのヘリコプターはドクターヘリとは異なり、救急医療《いりょう》専用の仕様になっていない上、医師・看護師を現場に運ぶ際にも、そのピックアップに時間がかかるなど、いわゆる「ドクターヘリ的運航」は限られた範囲《はんい》でしかおこなわれていません。

また、消防防災ヘリコプターは、ヘリコプターへ人を吊《つ》り上げて救助することもあります。こういった行為《こうい》はドクターヘリには認められていません **Q9の答え** 。

近年では、ドクターヘリと消防防災ヘリが連携《れんけい》して救助・救命活動をおこなうことも増えてきました。

消防防災ヘリコプターは、現在、佐賀県と沖縄県を除く全国各地で使われています。

消防防災ヘリコプターから病院に救急患者《かんじゃ》が搬送《はんそう》されてくることもある。

ヘリポートを離陸する消防防災ヘリコプター。救急隊員が、ドアを開けて安全を確認する。

■お金で見るドクターヘリに関するシミュレーション

近年、救急医療《いりょう》体制における、ドクターヘリの実績が明らかになってきました。HEM－Net《ヘムネット》（→p16）によると、ドクターヘリによって治療開始が早まり、生命の危険のある患者《かんじゃ》の救命率が、救急車だけの場合と比べて、3割以上向上したといいます。また、完全に治って社会復帰できた人は、1・5倍に増加したと報告されています。

しかし、そのような救命効果を発揮していても、日本はドクターヘリが、まだ十分に普及しているとはいえません。

その理由の一つに、お金の問題があります。ドクターヘリに使われるヘリコプターの機体価格は4～5億円。ヘリポートの設置や運営にも多額の費用がかかります。

くりかえしますが、そのお金は国民の税金です（→p24）。ドクターヘリを使った患者やその家族に費用を請求《せいきゅう》することはなく、国と自治体が負担しています**Q19の答え**。ただし、搬送中《はんそうちゅう》の医療費は、国民健康保険などの範囲内《はんいない》で患者負担となります。

　また、ドクターヘリの運用は、１回の出動で40～50万円（ガソリン代、整備費、保険料などから算出）の経費がかかるといわれています。なお、こうしたドクターヘリに関するお金の問題については、次のようなシミュレーションがあります。

　２億円のドクターヘリを１００機配備したとすれば、年間総額２００億円。日本人一人あたりの負担に換算《かんさん》すれば１６０円です。運営費を考慮《こうりょ》しても、その金額は高いのでしょうか。その費用で、年間にどれほど多くの生命が救われるのでしょうか。

　また、極端《きょくたん》な意見として、人の命を仮に１億円とした場合、年間で２００人が死なずにすむことになるなどといわれています。これはとても乱暴な見方ですが、このような考え方からドクターヘリをもっともっと拡充《かくじゅう》すべきだという意見が聞かれるのは事実です。

　２００１（平成13）年の制度発足当初は、ドクターヘリ１機あたりの補助基準額が、年間で１億７０００万円でしたが、２００９（平成21）年には２億１０００万円と、その後も増額されています。

■ドクターヘリの機体

この本の巻頭グラビアでは、特に機内の医療《いりょう》機器などを写真で見ましたが、ここでドクターヘリの機体そのものについて紹介します。かつてのドクターヘリは、多目的ヘリコプターの機内を改造したものでしたが、現在は、専用機が使われています。

日本で飛んでいるドクターヘリの専用機は、ＭＤ《エムディー》９０２、ＥＣ《イーシー》１３５、ＢＫ《ビーケー》１１７、ＢＥＬＬ《ベル》４２９、ＡＷ《エーダブリュー》１０９ＳＰ《エスピー》という機種です。胴体の全長が、９・８６～１０・６１メートルで、最大速度は、毎時２５９～２７８キロメートル **Q14の答え**。航続距離は、５５５～７００キロメートルだとされています。左に３機種の特徴《とくちょう》を記します。

・マクダネル・ダグラス（ＭＤ９０２）―テレビドラマ『コード・ブルー』に登場した機種で、後ろのプロペラがないノーターと呼ばれる構造。これにより騒音《そうおん》・振動が小さいのが特徴とされている。

・ユーロコプター（EC135）―ドクターヘリのなかでいちばん多く採用されている。後部扉は観音《かんのん》開き。栃木県は、この機体を導入している。

・川崎（BK117）―川崎重工業とドイツのMBB《エムビービー》社（現エアバス・ヘリコプターズ社）の共同開発による。キャビンの広さ、後部扉《こうぶとびら》もいちばん大きい。

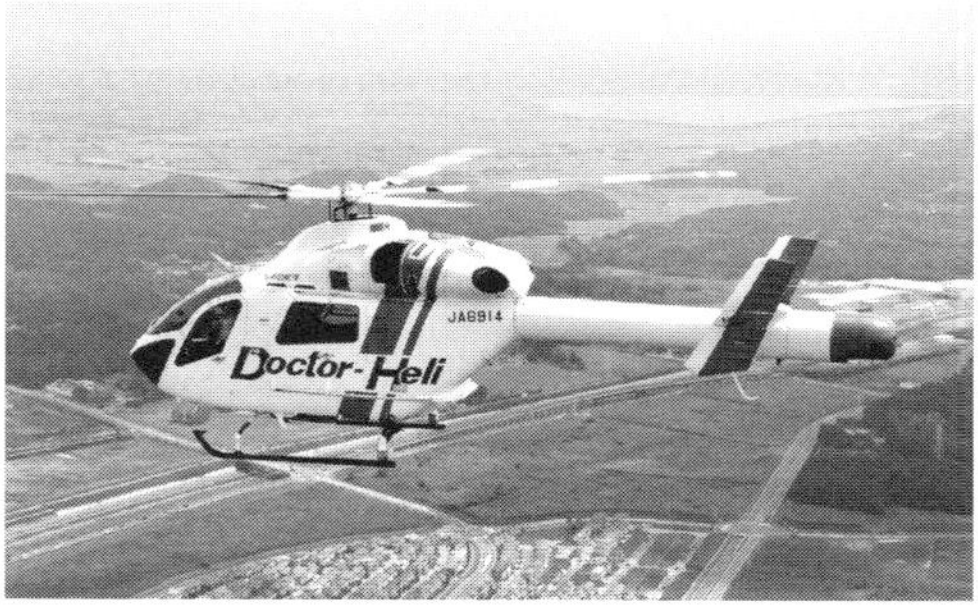

マグダネル・ダグラス。報道ヘリにも使われている。　写真提供：朝日航洋株式会社

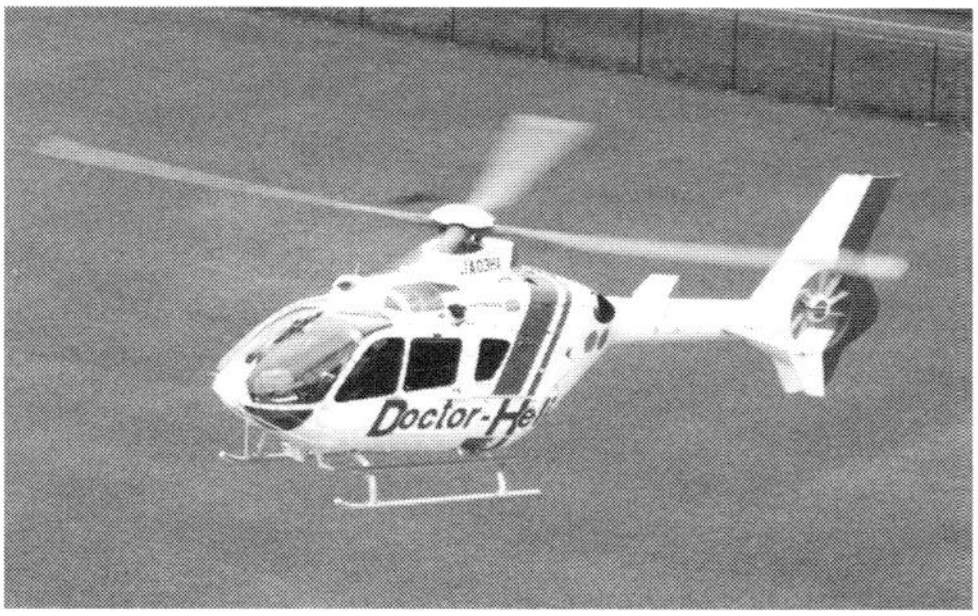

ユーロコプター。輸送・消防防災など多目的に使用。

国内唯一の国産ドクターヘリ。機内での医療活動がしやすい。　写真提供：川崎重工業株式会社

■ドクターヘリに関するよくある質問

それでは、第一章のまとめとして、ドクターヘリについて一般の人たちからよく寄せられる質問と、その答えを紹介します。20ページの20のクイズと重複《ちょうふく》するものもありますが、あえてもう一度まとめて解説することにします。

Q ドクターヘリと救急車の違《ちが》いは、現場へ到着《とうちゃく》する早さだけでしょうか。

A 救急車に乗務するのは、救急救命士です。搬送中《はんそうちゅう》、患者《かんじゃ》に救急救命処置を施《ほどこ》しますが、救急救命士がおこなえる医療行為《いりょうこうい》には制限があります(→p24)。これに対してドクターヘリは、医師が乗っているので、現場で救急治療《ちりょう》をおこなうことができます。なお、救急車で患者を搬送《はんそう》する救急業務は消防庁の仕事ですが、医療行為をおこなうドクターヘリは、厚生労働省の事業となっています。 **Q2の答え**

Q　ドクターヘリは、誰《だれ》でも利用できるのですか。

A　誰でも利用できますが、誰もが出動要請《ようせい》できるわけではありません。出動要請は119番通報を受けた消防機関が患者の重症度《じゅうしょうど》等を判断しておこないます（↓p48）。一般の人が要請することはできません。

Q1の答え

Q　ドクターヘリには患者は何人乗れますか？

A　患者は最大2名まで搭乗《とうじょう》できることになっています。また、医師の判断で必要な場合は付《つ》き添《そ》い1名まで搭乗できます。

Q6の答え

Q　ドクターヘリが出動するのは、どのような場合ですか？

A　基本的には、次の場合に出動します。

①生命の危険が切迫《せっぱく》しているか、そのような可能性のあるとき

②重症傷病者《しょうびょうしゃ》で長時間の搬送が予想されるとき

③重症熱傷《じゅうしょうねっしょう》・多発外傷《がいしょう》・指肢切断《ししせつだん》などの特殊《とくしゅ》救急疾患《しっかん》のとき
④救急現場で緊急《きんきゅう》処置に医師を必要とするとき

Q　ドクターヘリはいつでも出動できるのですか？

A　ドクターヘリは365日出動できるように準備しています。ただし、出動時間は午前8時半から日没前《にちぼつまえ》までと定められています（→p51）。

Q　ドクターヘリで搬送《はんそう》される病院は、誰《だれ》が決めるのですか？

A　搬送先医療《いりょう》機関は、救命救急センターや災害拠点《さいがいきょてん》病院等のなかから、ドクターヘリに搭乗《とうじょう》している医師が、患者《かんじゃ》の容体や搬送時間等を考慮《こうりょ》して決定します（→p58）。各地域の拠点病院で対応できない場合、または、専門・高度な治療《ちりょう》を必要とする場合は、その他の地域の三次救急医療機関（→p32）へ搬送されます。

Q　ドクターヘリには、どんな医療機器を搭載《とうさい》してあるのですか？

A　ドクターヘリは「空飛ぶ救命救急室」と呼ばれています。患者を横たえるストレッチャー、心電図モニター、除細動器《じょさいどうき》、人工呼吸器、酸素ボンベ、吸引器、輸液《ゆえき》ポンプなど、救急処置に要するさまざまな機器、器具および医薬品を搭載しています。患者の容体によっては、大量の出血や体液で機内が汚《よご》れることもあるため、キャビンの床《ゆか》面《めん》は、すぐに洗浄《せんじょう》したり除染《じょせん》できるようになっています。また、航空用の無線機だけでなく、病院、消防、救急車などとも連絡《れんらく》できる無線が完備されています。

Q11・12・13の答え

Q　ドクターヘリの一日の出動回数は、どのくらいですか？

A　地方自治体や基地のある病院ごとに異《こと》なりますが、一日に7回出動した例（↓p72）もあります。**Q10の答え**

Q ドクターヘリを利用した場合、個人に費用はかかりますか？

A ドクターヘリの搬送《はんそう》自体の費用はかかりませんが、救急現場やドクターヘリのなかでおこなった医療行為《いりょうこうい》に対する医療費については、医療保険制度に基づき患者自身に請《せい》求《きゅう》されます（→p36）。

Q19の答え

Q ドクターヘリは、年間どのくらいの人を救護しているのですか。

A 2016年4月1日～2017年3月31日の間は、全国51か所のドクターヘリが2万2545人（日本航空医療学会調べ）の患者《かんじゃ》を救護しました。

Q ドクターヘリの成果を示す資料はありますか？

A いろいろな資料でドクターヘリの実績と効果が実証されています（→p45・46）。

● 2016年度　ドクターヘリ出動実績（2016年4月1日～2017年3月31日）

地域	拠点《きょてん》病院	運航開始	出動件数	前年度出動件数	現場出動	診療《しんりょう》人数（交通事故）	拠点《きょてん》病院以外への搬送《はんそう》人数（%）
北海道道央	医療《いりょう》法人渓仁会《けいじんかい》 手稲《ていね》渓仁会病院	2005年4月	411	393	287	336(76)	137(40.7)
北海道道北	旭川赤十字病院	2009年10月	464	448	248	430(73)	251(58.3)
北海道道東	市立釧路総合病院・釧路孝仁会《こうじんかい》記念病院	2009年10月	427	496	286	388(97)	200(51.5)
北海道南部	市立函館病院	2015年2月	352	286	176	338(26)	143(42.3)
青森県北部	青森県立中央病院	2012年10月	362	335	260	339(43)	101(29.7)
青森県東部	八戸市立市民病院	2009年3月	494	494	373	448(69)	102(22.7)
秋田県	秋田赤十字病院	2012年1月	267	297	141	254(39)	155(61.0)
岩手県	岩手医科大学附属病院	2012年5月	415	486	243	352(56)	149(42.3)
山形県	山形県立中央病院	2012年11月	324	407	232	284(37)	156(54.9)
宮城県	仙台医療センター・東北大学病院	2016年10月	50	－	30	46(3)	25(54.3)
福島県	公立大学法人 福島県立医科大学附属病院	2008年1月	350	415	287	333(79)	213(63.9)
新潟県	新潟大学医歯学総合病院	2012年10月	533	504	381	427(99)	269(62.9)
新潟県	長岡赤十字病院	2017年3月	5	－	4	5 (0)	2(40.0%)
富山県	富山県立中央病院	2015年8月	730	288	524	635(69)	399(62.8)
茨城県	水戸済生会《さいせいかい》総合病院・国立病院機構 水戸医療センター	2010年7月	694	630	554	638(162)	365(57.2)
群馬県	前橋赤十字病院	2009年2月	776	869	561	633(125)	327(51.6)
栃木県	獨協《どっきょう》医科大学病院	2001年1月	772	915	649	662(115)	281(42.4)
埼玉県	埼玉医科大学総合医療センター	2007年10月	387	357	332	368(120)	146(39.6)
千葉県北部	日本医科大学千葉北総《ちばほくそう》病院	2001年10月	1248	1152	1178	1096(325)	452(41.2)
千葉県南部	君津《きみつ》中央病院	2009年1月	500	561	414	466(104)	305(65.5)
神奈川県	東海大学医学部付属病院	2002年7月	212	281	187	211(30)	25(11.8)
山梨県	山梨県立中央病院	2012年4月	493	430	420	487(134)	107(21.9)
静岡県東部	順天堂《じゅんてんどう》大学医学部附属静岡病院	2004年3月	1018	747	741	1014(219)	382(37.6)
静岡県西部	聖隷《せいれい》三方原《みかたはら》病院	2001年10月	565	519	403	470(116)	272(57.8)
長野県東部	長野県厚生農業協同組合連合会 佐久《さく》総合病院	2005年7月	390	447	313	358(60)	171(47.7)
長野県西部	信州大学医学部附属病院	2011年10月	478	560	326	431(66)	257(59.6)
岐阜県	岐阜大学医学部附属病院	2011年2月	392	390	199	352(67)	215(61.0)

地域	拠点《きょてん》病院	運航開始	出動件数	前年度出動件数	現場出動	診療《しんりょう》人数(交通事故)	拠点《きょてん》病院以外への搬送《はんそう》人数(%)
愛知県	愛知医科大学病院	2002年 1 月	343	310	242	279(74)	169(60.5)
三重県	三重大学医学部附属病院・伊勢《いせ》赤十字病院	2012年 2 月	421	468	296	400(69)	225(56.2)
滋賀県	済生会《さいせいかい》滋賀県病院	2015年 4 月	472	388	364	399(94)	261(65.4)
大阪府	国立大学法人 大阪大学医学部附属病院	2008年 1 月	146	135	106	136(57)	90(66.1)
奈良県	奈良県立医科大学附属病院・南奈良総合医療《いりょう》センター	2017年 3 月	10	−	9	10(1)	4(40.0)
和歌山県	和歌山県立医科大学附属病院	2003年 1 月	452	419	335	442(108)	114(25.7)
兵庫県北部	公立豊岡《とよおか》病院組合立豊岡病院	2010年 4 月	1926	1761	1322	1412(191)	168(11.8)
兵庫県南部	兵庫県立加古川《かこがわ》医療センター・製鉄記念広畑病院	2013年11月	624	548	483	575(163)	359(62.4)
岡山県	川崎医科大学附属病院	2001年 4 月	376	391	262	364(91)	127(34.8)
島根県	島根県立中央病院	2011年 6 月	615	611	319	544(66)	300(55.1)
広島県	広島大学病院・県立広島病院	2013年 5 月	367	380	252	330(64)	256(77.5)
山口県	山口大学医学部附属病院	2011年 1 月	312	281	97	305(29)	123(40.3)
徳島県	徳島県立中央病院	2012年10月	443	413	278	438(56)	260(59.3)
高知県	高知県・高知市病院企業団立 高知医療センター	2011年 3 月	806	748	544	760(93)	257(33.8)
愛媛県	愛媛県立中央病院・ 愛媛大学医学部附属病院	2017年 2 月	33	−	17	33(8)	18(54.5)
福岡県	久留米《くるめ》大学病院	2002年 2 月	326	336	242	312(91)	120(38.4)
大分県	大分大学医学部附属病院	2012年10月	514	553	354	458(76)	235(51.3)
佐賀県	佐賀大学医学部附属病院・佐賀県医療センター好生館《こうせいかん》	2014年 1 月	415	496	305	395(75)	178(45.0)
宮崎県	宮崎大学医学部附属病院	2012年 4 月	406	473	249	421(134)	101(23.9)
長崎県	国立病院機構長崎医療センター	2006年 6 月	794	890	494	674(110)	464(68.8)
熊本県	熊本赤十字病院	2012年 1 月	728	638	603	732(128)	414(56.5)
鹿児島県	鹿児島市立病院	2011年12月	898	704	568	783(129)	432(55.1)
鹿児島県	鹿児島県立大島病院	2016年12月	87	−	31	85(2)	27(31.7)
沖縄県	浦添《うらそえ》総合病院	2008年12月	492	466	167	457(50)	318(69.5)
合　計			25,115	24,117	17,688	22,545(4368)	10,627(47.1)

※日本航空医療学会の資料を参考に作成　2017 年 6月19日現在

第二章　ドクターヘリの現実

■ドクターヘリの出動要請《ようせい》は消防機関の役目

ドクターヘリは、おおむね時速200キロメートルで飛行するので（↓p38）、基地病院から50キロメートル圏内《けんない》であれば、離陸《りりく》から約15分で、ランデブーポイント（↓p25）に到着《とうちゃく》できます。これは、地上を走る救急車よりはるかに早く、道路の渋滞《じゅうたい》や災害時などの通行止めも影響《えいきょう》しません。

でも、救急車に比べてこのように優《すぐ》れた点があるドクターヘリも、現在の日本では、その出動要請《ようせい》は、救急車を管轄《かんかつ》する消防機関がおこなっています。

消防機関が119番通報を受けた時点、あるいは消防署の救急隊が現場に到着した時点で、ドクターヘリの出動を必要と判断した場合に、ドクターヘリのある基地病院に出動要請をおこないます。

左は消防が、ドクターヘリの出動要請をする際のおおまかな基準です。

①119番にかかってきた内容から、通信指令課員がドクターヘリを要請したほうがよいと判断した場合（「たおれている」「とじこめられている」「息ができない」などキーワードとしてリストアップされている言葉が一つでもふくまれていた場合に、出動要請をおこなうという自治体もある）。

②救急隊が現場に到着して、ドクターヘリを要請したほうがよいと判断した場合。

③各地域の医療《いりょう》機関が収容している患者《かんじゃ》を高次の医療機関（→p32）に救急搬送《はんそう》する必要があると判断した場合。ただし一般の人が直接要請することはできない。

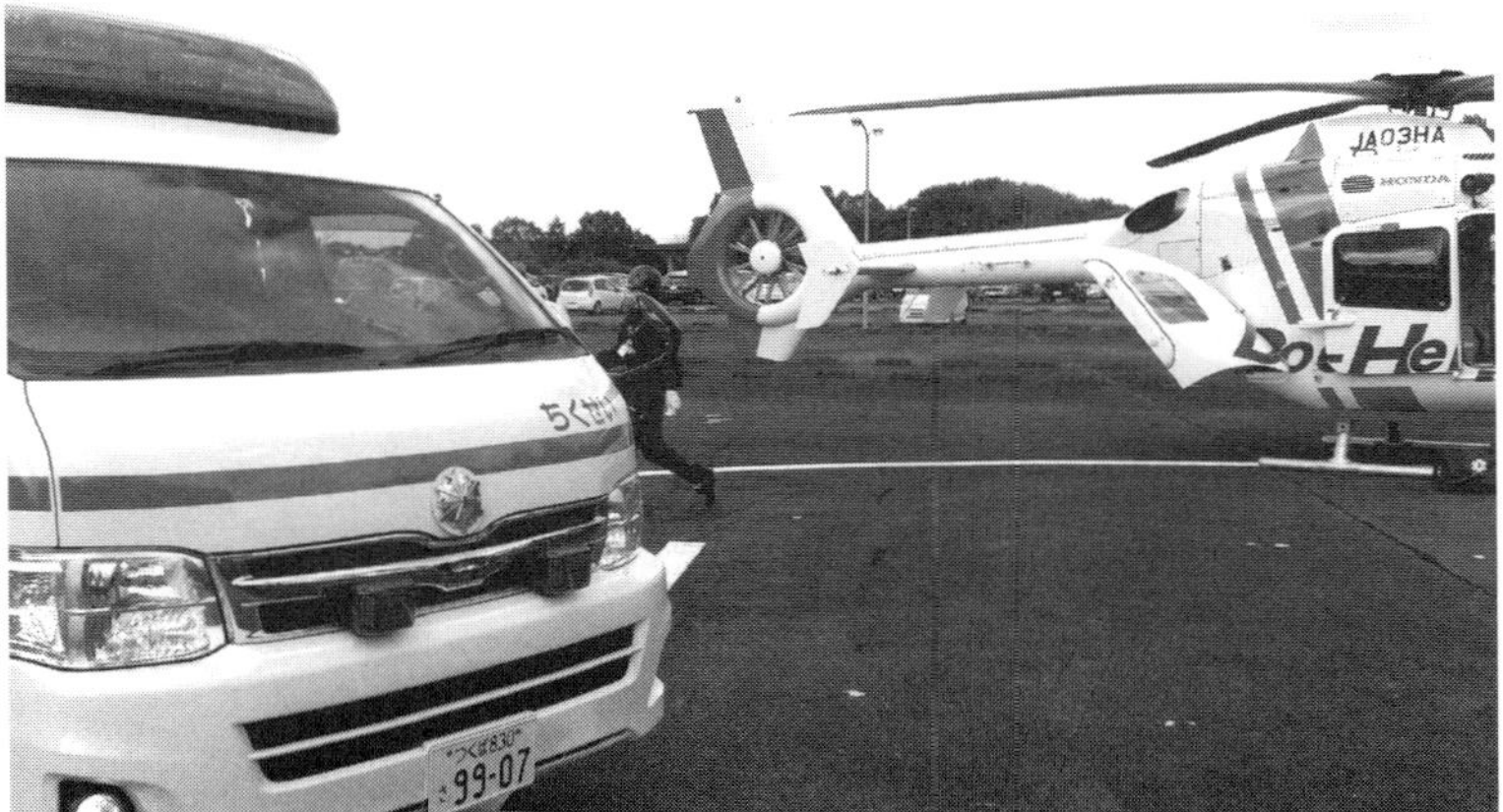

ランデブーポイントで救急車と合流したドクターヘリ。

■15分ルール

ドクターヘリは、出動要請《ようせい》が入ると一刻《いっこく》も早く離陸《りりく》しなければなりません。このため、基地のある病院では、医師や看護師、パイロット、整備士がいつでも出動できるように待機しています。

出動要請から、原則として3分以内に離陸して、救急現場へ向かいます。出動要請を起点にしても、ランデブーポイント（→p35）に到着するまでに、早ければ5分、遅《おそ》くとも20分以内です。目標としては15分といわれています。もとより、交通事故などで重傷をおった患者《かんじゃ》の救命率を上げるには、15分以内に適切な治療《ちりょう》をすることが目標とされていて、これは「15分ルール」と呼ばれています**Q15の答え**。

ドクターヘリがランデブーポイントに到着《とうちゃく》すると、救急隊や消防隊と合流し、直《ただ》ちに医師と看護師が救急治療を開始。患者の容態により、医師が搬送先医療《はんそうさきいりょう》機関を決め、ドクターヘリか救急車で病院へ搬送します。

◉運航時間は日没前《にちぼつまえ》まで

ドクターヘリが飛べる時間帯は、原則として午前8時30分から日没前《にちぼつまえ》までと決められています **Q7の答え**。

これは、暗くなって視界が悪くなると運航に支障があるからです。また、雲が低い、霧《きり》がでているなどの気象条件によっても運航できないことがあります。さらに強風のときも飛行不能となります。

出動要請《ようせい》を受けてランデブーポイントに向かうドクターヘリ。天候はつねに気になる。

■ドクターヘリの出動の流れ

１１９番通報が入ると、消防署から救急車が出動、現場に向かいます。現場到着後《とうちゃくご》、ドクターヘリの出動が必要だと判断すると（場合よっては、現場到着前でも消防本部が判断することもある）、ドクターヘリ基地病院に出動要請《ようせい》の緊急《きんきゅう》連絡をし、連絡を受けた運航管理士（↓p79）が直《ただ》ちに着陸場所などの確認、場合によって消防と調整をします。

いよいよドクターヘリの出動です。左の①～⑤は、これ以降の大まかな流れです。

①現場へ向かう機内

機内では、患者《かんじゃ》の情報（年齢《ねんれい》・性別・意識レベル、呼吸・脈の状態）などを、無線をつかって現場から収集する。その情報をもとに、患者の状態や考えられる事態を予測し、処置の準備をする。

②現場到着

現場直近のランデブーポイントに着陸。患者を乗せた救急車と合流。

③救急治療《ちりょう》開始

救急車内や、場合によっては路上や事故を起こした自動車などのなかで処置をすることもある。

④ドクターヘリで救命救急センターへ

必要な処置が施《ほどこ》された患者を医療《いりょう》機関まで搬送《はんそう》。狭《せま》くて、しかも騒音《そうおん》のはげしい機内で、モニターを監視《かんし》し、輸液管理をするなど、患者に適切な処置を続ける。

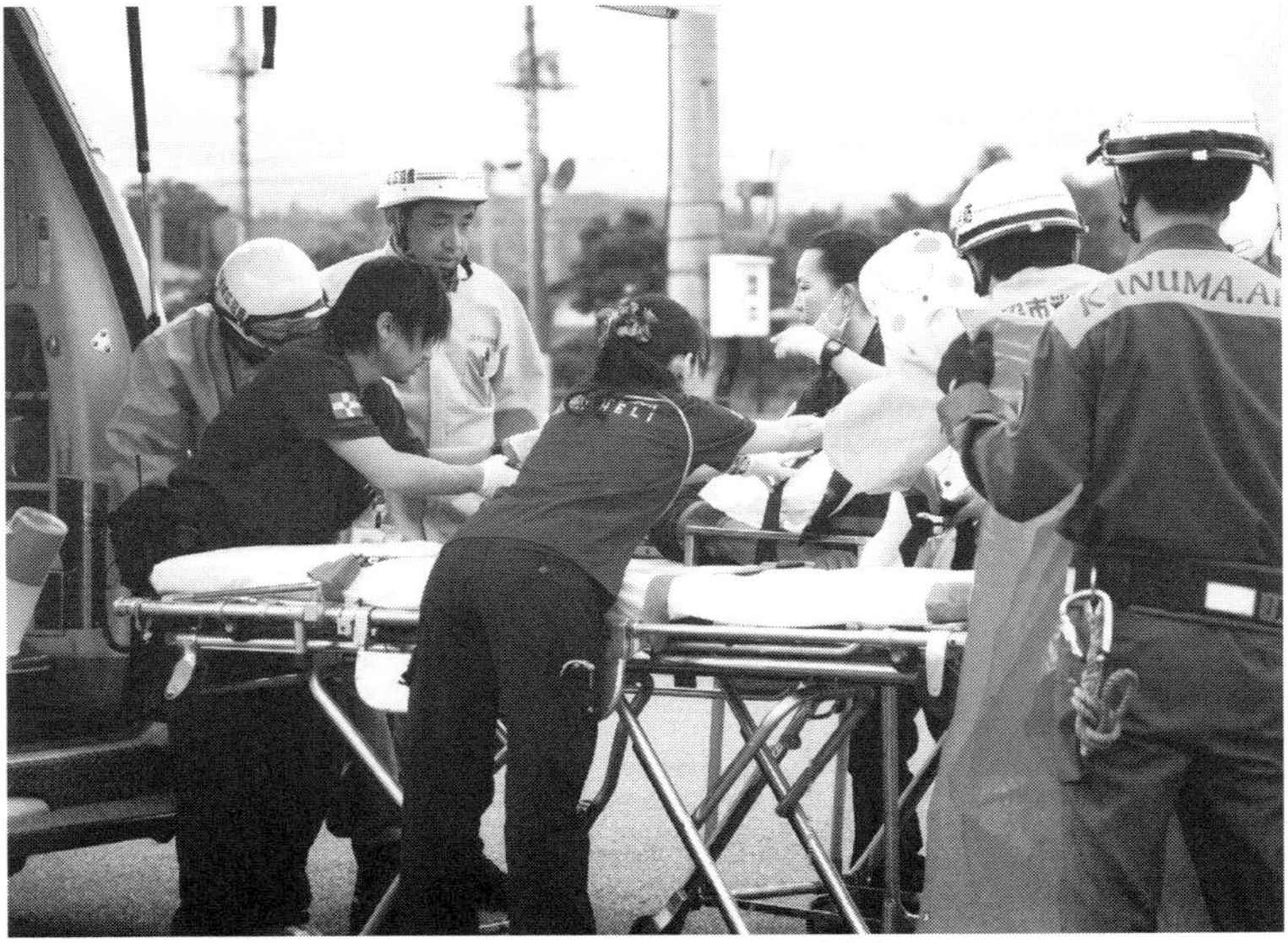

ランデブーポイントで救急救命士といっしょに治療《ちりょう》にあたる医師と看護師。

⑤患者《かんじゃ》の引継ぎ

医療《いりょう》機関に着いたら、ヘリポートで搬送先《はんそうさき》医療機関の医師や看護師へ申し送り。病院のなかへすばやく搬送する。また、患者の状態、おこなった処置などを、診療録（記録用紙）に記載《きさい》し簡潔《かんけつ》に申し送る。

■救急現場での医療《いりょう》活動

病気で重篤《じゅうとく》な状態になったり、事故でけがをした人がいるときには、救急車が呼ばれ、救急隊が患者を搬送したのちに、病院で診察《しんさつ》や治療《ちりょう》がはじまります。

これに対して、ドクターヘリには医師と看護師が乗っているので、ランデブーポイントで、もしくはドクターヘリで搬送中にも救急医療活動をおこなうことができます。

では、ドクターヘリの医師や看護師は、どのような救急医療活動をおこなうのでしょうか。一刻《いっこく》を争うとき、医療器具にせよ医薬品にせよ、現場に何を持っていけばよいか、その場で考えているひまはありません。

このため、ドクターヘリには最低限必要な医療器具を入れたバッグが備えられています。バッグに何を入れるかは、病院によって違《ちが》いはあるものの、おおよそ同じです。一例をあげれば、「成人バッグ」「ナースバッグ」「小児《しょうに》バッグ」の3種類のバッグ（獨協《どっきょう》医大の場合）があります。成人バッグと小児バッグにはさまざまな医療器具が、ナースバッグには医薬品や点滴《てんてき》セットなどが収められています。

ほかに外傷患者用に「外傷バッグ」というものもあります。緊急《きんきゅう》で胸部を切開したり、心臓周辺にたまった血液をぬいたりするためのカテーテル、骨盤《こつばん》が骨折しているときに動揺を防ぐための特殊《とくしゅ》なベルトなどが入っています。

ドクターヘリは、除細動器《じょさいどうき》（心臓に電気ショックを与えるもの）や人工呼吸器などさまざまな医療機器を搭載《とうさい》していますが、それだけで十分でないのは明らかです。その数や種類が限られているのはいうまでもなく、いわゆる definitive《デフィニティブ》 care《ケア》（根本《こんぽん》治療）をおこなうに足る資材・器材が十分にそろっているとは、到底《とうてい》いえません。ドクターヘリの医師（フライトドクター→p70）は、限られた設備のなかで、最適な救急医療《いりょう》をおこなっていかなければなりません。

機内からフライトドクターの治療《ちりょう》準備の指示が無線で基地へ伝えられると、病院では何人もの救急医が待ち構えていて、患者《かんじゃ》を速《すみ》やかに治療室へ。すぐに手術を開始するや、まもなく、一度呼吸が止まっていた人が、再び息をふきかえす！　と、いうことが実際にあるのです。

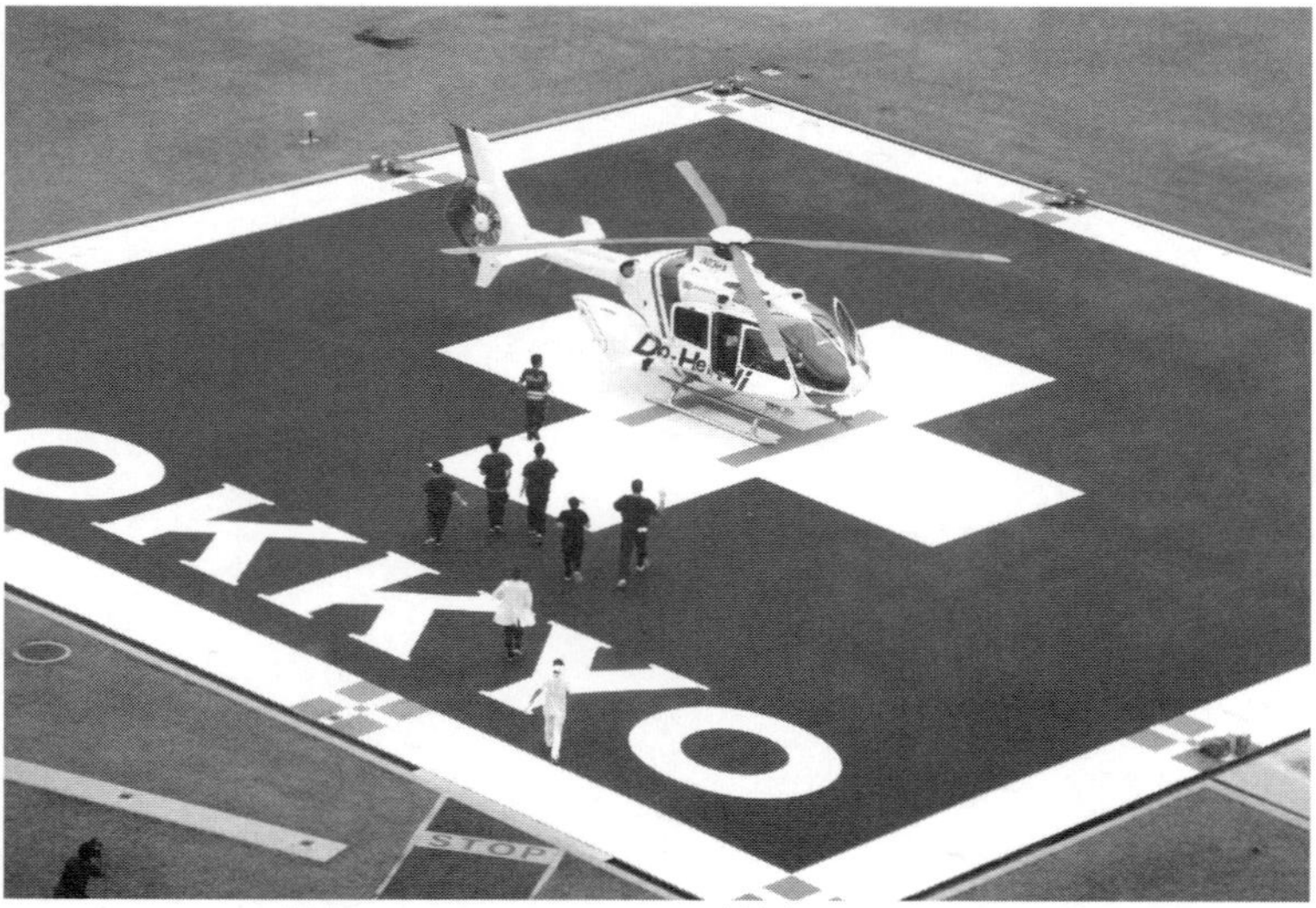

ドクターヘリが患者《かんじゃ》を乗せて基地病院に到着《とうちゃく》。待機していた救命救急センターのスタッフが駆《か》けよる。

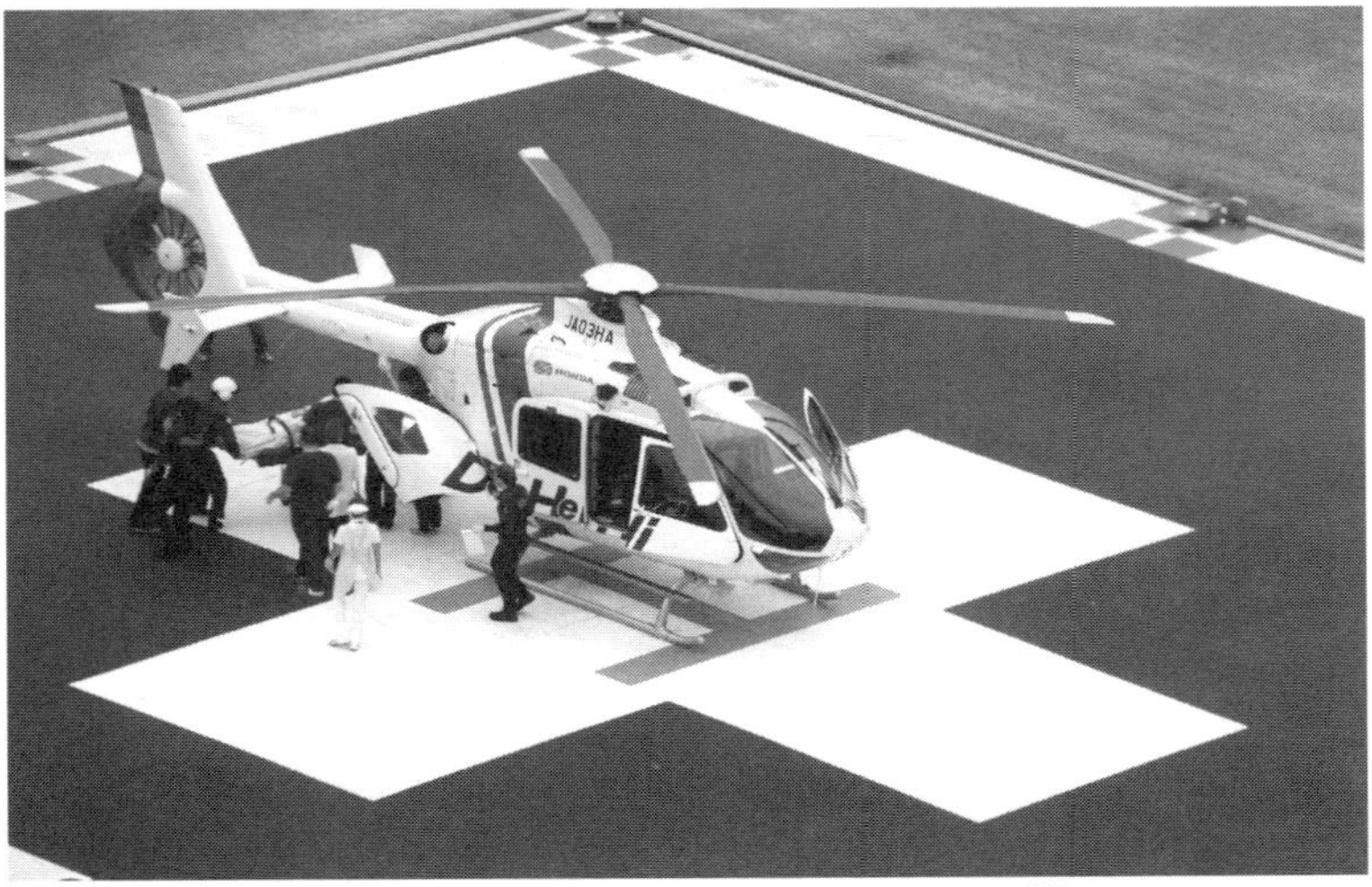

整備士が機体からストレッチャーを引き出し、処置を施《ほどこ》された患者をスタッフに渡す。

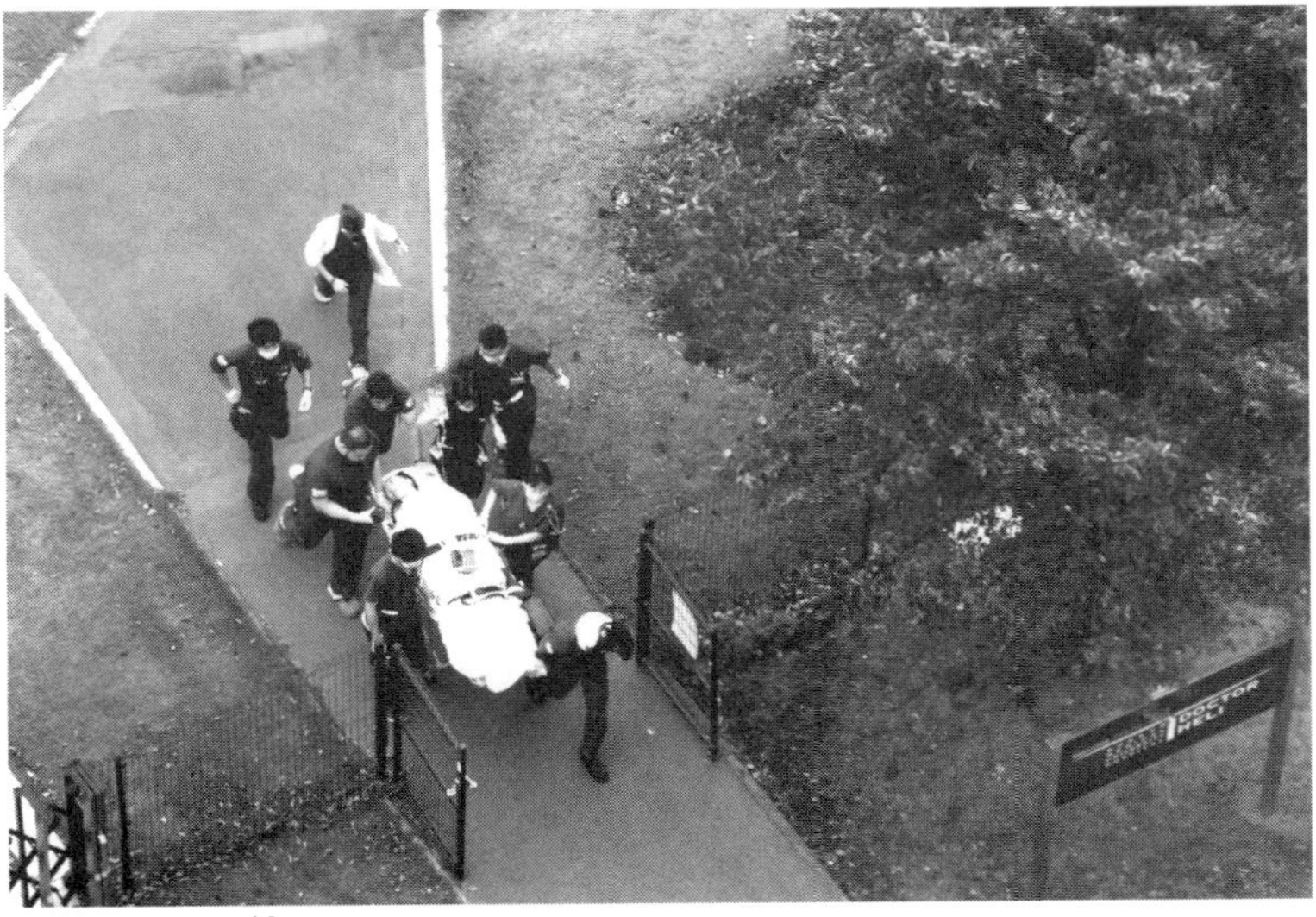

スタッフは、速《すみ》やかに救命救急センターへ患者を運び入れる。

■施設間搬送《はんそう》とは

ドクターヘリには、現場救急医療《いりょう》以外にも役割があります。医療機関から医療機関への「施設間搬送《はんそう》」です。これは、全国的な問題となっている医師不足と大きく関係しているといわれています。

重篤《じゅうとく》な患者《かんじゃ》で施設間搬送が必要な場合や、医師が救急車に乗って患者に付きそう場合など、その医師が携《たずさ》わる地域で、医師が数時間はいなくなってしまうことになりかねません。そこが地域で唯一《ゆいいつ》の診療所《しんりょうじょ》だった場合、医師がいない間は診療所を閉めざるをえません。でも、ドクターヘリを利用すれば、転院もとの医師は移動しないですむことになり、地域の医療に空白時間をつくることはなくなるというわけです。これは、施設間搬送のひとつの例です。

もちろん、心臓や大血管の緊急《きんきゅう》手術や重篤な外傷の全身管理・手術など、一刻《いっこく》を争う状態の患者に対応できる遠隔地《えんかくち》の医療機関へ搬送するなど、医療行為を継続しつつ、搬送時間短縮に寄与できることはいうまでもありません。

■ドクターヘリの出動件数の推移

日本でドクターヘリの活動がスタートしたのは、厚生労働省の「ドクターヘリ導入促進《そくしん》事業」が開始された２００１（平成13）年からです。１９９９（平成11）年10月から1年半におよぶドクターヘリの試行期間も入れると、出動件数は大幅《おおはば》にのびました。

２０１６（平成28）年度の出動件数は、全国41道府県（51機）で2万５２１６回にのぼりました。これは、１機あたり平均約５００回の出動ということです。

●ドクターヘリの実績推移

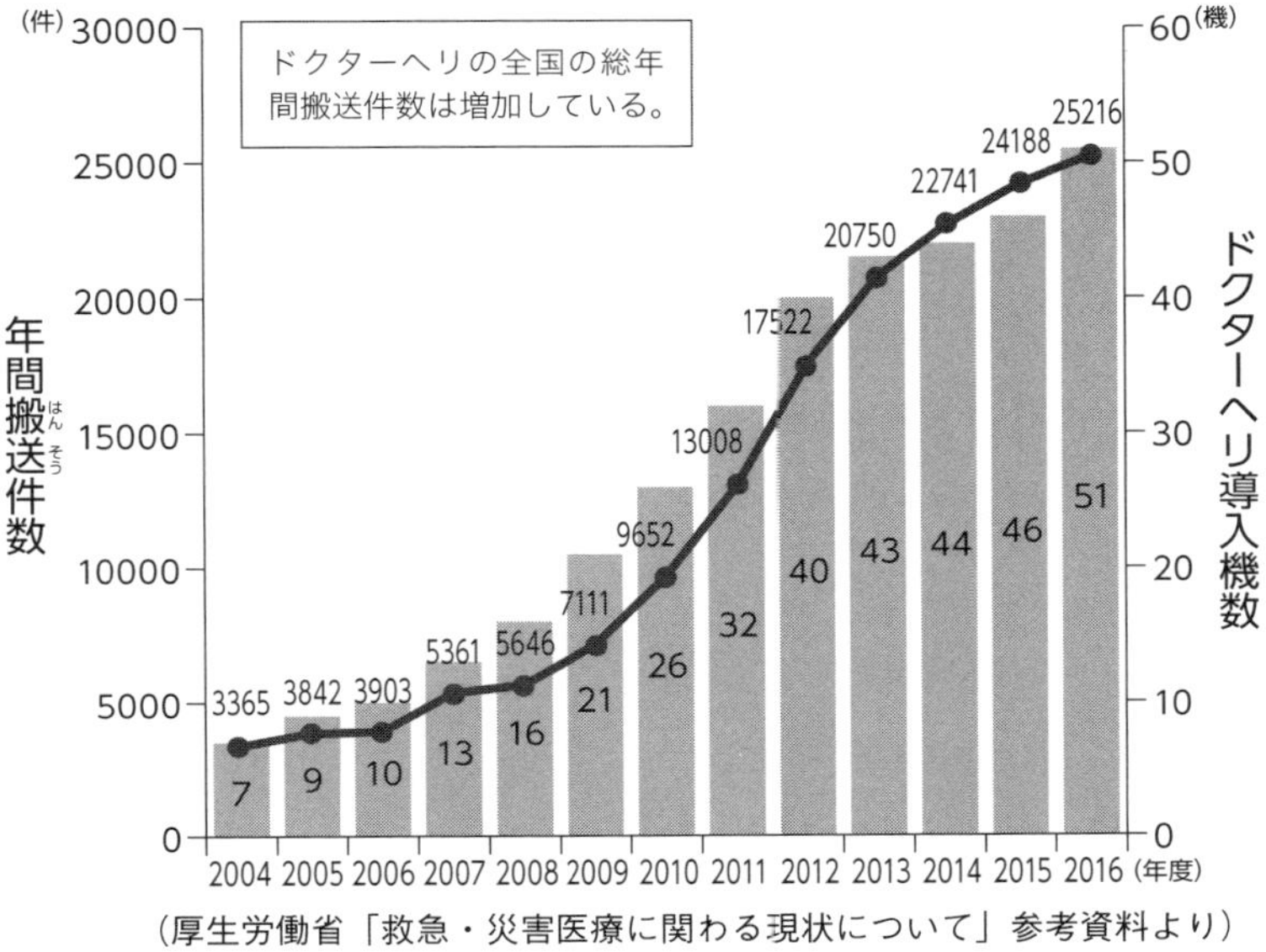

（厚生労働省「救急・災害医療に関わる現状について」参考資料より）

■全国のドクターヘリの運航状況《じょうきょう》

２０１８年３月現在、ドクターヘリの専用機を運用しているのは、42道府県です。そのうち、北海道は４機、青森県、千葉県、静岡県、長野県、兵庫県、新潟県、鹿児島県が２機ずつ、ほかは１機を運用しています。導入されていないのは、東京都、石川県、福井県、京都府、香川県の５都府県です。

Q18の答え

都道府県	拠《きょ》点《てん》病院	運航開始
北海道	医療《いりょう》法人渓仁会《けいじんかい》　手稲《ていね》渓仁会病院	2005年４月
	旭川赤十字病院	2009年10月
	市立釧路総合病院・釧路孝仁会《こうじんかい》記念病院	2009年10月
	市立函館病院	2015年２月
青森	八戸市民病院	2009年３月
	青森県立中央病院	2012年10月
秋田	秋田赤十字病院	2012年１月
岩手	岩手医科大学附属病院	2012年５月
山形	山形県立中央病院	2012年11月
宮城	仙台医療センター・東北大学病院	2016年10月
福島	公立大学法人　福島県立医科大学附属病院	2008年１月

都道府県	拠《きょ》点《てん》病院	運航開始
新潟	新潟大学医歯学総合病院	2012年10月
	長岡赤十字病院	2017年 3 月
富山	富山県立中央病院	2015年 8 月
栃木	獨協《どっきょう》医科大学病院	2010年 1 月
群馬	前橋赤十字病院	2009年 2 月
茨城	水戸済生会《さいせいかい》総合病院・国立病院機構水戸医療センター	2010年 7 月
埼玉	埼玉医科大学総合医療センター	2007年10月
千葉	日本医科大学千葉《ちば》北総《ほくそう》病院	2001年10月
	君津《きみつ》中央病院	2009年 1 月
神奈川	東海大学医学部付属病院	2002年 7 月
山梨	山梨県立中央病院	2012年 4 月
静岡	聖隷《せいれい》三方原《みかたはら》病院	2001年10月
	順天堂大学医学部附属静岡病院	2004年 3 月
長野	長野県厚生農業協同組合連合会佐久《さく》総合病院	2005年 7 月
	信州大学医学部附属病院	2011年10月
岐阜	岐阜大学医学部附属病院	2011年 2 月
愛知	愛知医科大学病院	2002年 1 月
滋賀	済生会滋賀県病院	2015年 4 月
大阪	国立大学法人　大阪大学医学部附属病院	2008年 1 月
奈良	奈良県立医科大学附属病院・南奈良総合医療センター	2017年 3 月

都道府県	拠《きょ》点《てん》病院	運航開始
三重	三重大学医学部附属病院・伊勢《いせ》赤十字病院	2012年 2 月
和歌山	和歌山県立医科大学附属病院	2003年 1 月
兵庫	公立豊岡《とよおか》病院組合立豊岡病院	2010年 4 月
	兵庫県立加古川《かこがわ》医療センター	2013年11月
鳥取	鳥取大学医学部附属病院	2018年 3 月
島根	島根県立中央病院	2011年 6 月
岡山	川崎医科大学附属病院	2001年 4 月
広島	広島大学病院・県立広島病院	2013年 5 月
山口	山口大学医学部附属病院	2011年 1 月
徳島	徳島県立中央病院	2012年10月
高知	高知県・高知市病院企業団立 高知医療センター	2011年 3 月
愛媛	愛媛県立中央病院・愛媛大学医学部附属病院	2017年 2 月
福岡	久留米《くるめ》大学病院	2002年 2 月
大分	大分大学医学部附属病院	2012年10月
佐賀	佐賀大学医学部附属病院　佐賀県医療《いりょう》 センター好生館《こうせいかん》	2014年 1 月
長崎	国立病院機構長崎医療センター	2006年 6 月
熊本	熊本赤十字病院	2012年 1 月
宮崎	宮崎大学医学部附属病院	2012年 4 月
鹿児島	鹿児島市立病院	2011年12月
	鹿児島県立大島病院	2016年12月
沖縄	浦添《うらそえ》総合病院	2008年12月

●全国のドクターヘリ配備地域 全国 42 道府県 52 機

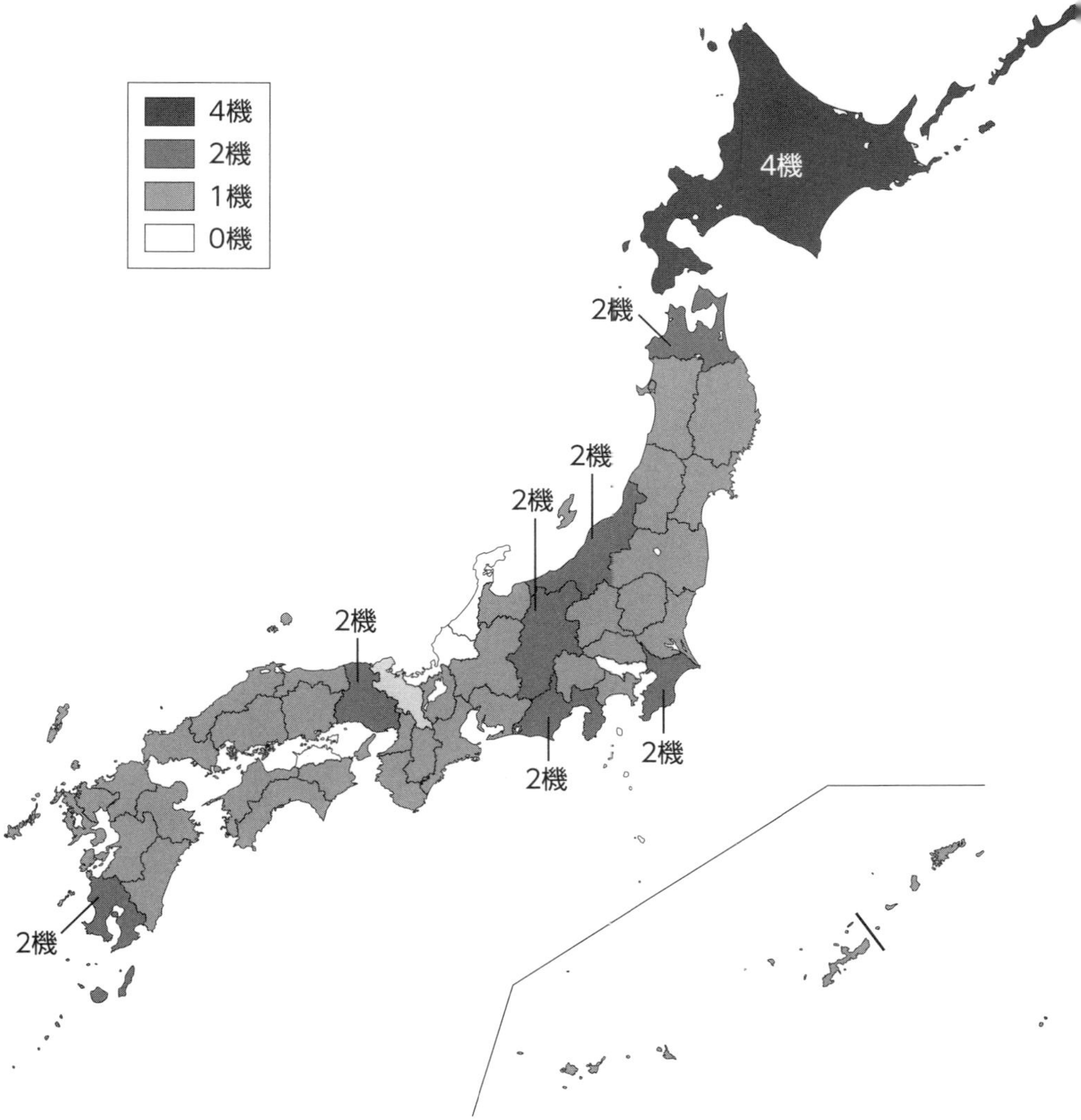

※京都府は京都独自に拠点病院をもつということはせず、京滋ドクターヘリとして、済生会滋賀県病院が京都府南部を運航範囲としているため、図のように表記されている。

2018年３月現在
出典（HEM－Net）

■道府県の壁《かべ》がないドクターヘリ広域連携《れんけい》

日本の救急医療《いりょう》体制は、以前から基本的に都道府県単位でおこなわれてきました。でも、短時間に遠くまで飛べるドクターヘリにとっては、都道府県の壁《かべ》がないほうが都合《つごう》がいいのは明らかです。なぜなら、ドクターヘリは、ほんの短い時間で県境を越《こ》えることができるからです。

このため、ドクターヘリ特別措置法《そちほう》（→p22）は、5条2項《こう》に「都道府県の枠《わく》にとらわれずにドクターヘリ事業が実施《じっし》できるように複数の都道府県で協議することも可能である」とし、道府県の壁を越えた広域連携《れんけい》をおこなってよいと規定しています。

この実施例の一つとして、僕《ぼく》が勤務する栃木県と、東側にある茨城県、西側の群馬県とが、２０１１（平成23）年3月に「茨城県、栃木県及び群馬県ドクターヘリ広域連携に係《かか》る基本協定」を締結《ていけつ》し、同年7月から広域連携を開始しました。

他県への出動要請《ようせい》の基準は、次のようなものがあります。

・県内で重複《ちょうふく》要請があり、自県のドクターヘリが出動できない場合
・多数の患者《かんじゃ》が発生し、自県のドクターヘリのみでは対応できない場合
・緊急性《きんきゅうせい》の高い施設間搬送《はんそう》事案のうち、搬送先が他県の基地病院である場合

出動範囲《はんい》は、それぞれの基地病院から半径50キロメートル圏内《けんない》の隣県《りんけん》地域に限定されています。原則として現場出動の際の搬送先は、出動した県内の医療機関です。

実際の例で紹介すると、ある事案で県北の病院へ患者を搬送して基地病院へもどる直前に、県東方面から要請が入り、すぐそちらに向かえなかったので茨城県ドクターヘリを要請。基地病院にもどると再び県北方面から要請があったため出動。その最中に県南地域から要請が入ったので今度は、群馬県ドクターヘリを要請。わずか2時間くらいの間に4件の要請が入り、その時間帯、栃木県内に栃木、茨城、群馬のドクターヘリ3機が集結したのです。

広域連携にはメリットがたくさんある反面、問題点もあります。たとえば栃木県ドクターヘリが他県に出動している間に、自県内で出動要請があっても対応できません。

また、それぞれの基地病院からの出動範囲《はんい》が半径50キロメートル圏内《けんない》というのでは不十

分である、という報告も全国的には見受けられます。

解決策としては、出動範囲《はんい》を拡大して各県内全域をカバーする、そして下図のように栃木県だけが茨城・群馬両県に出動するのではなく、3県のドクターヘリ全てが残り2県に出動できるようにするなど、現行のマニュアルを改正させる必要があります。南の埼玉県や北の福島県などとも協力する体制を構築してみてもよいのかもしれません。各県どうしで十分に話し合い、検討を進めていく必要があります。

●北関東３県の連携《れんけい》地図

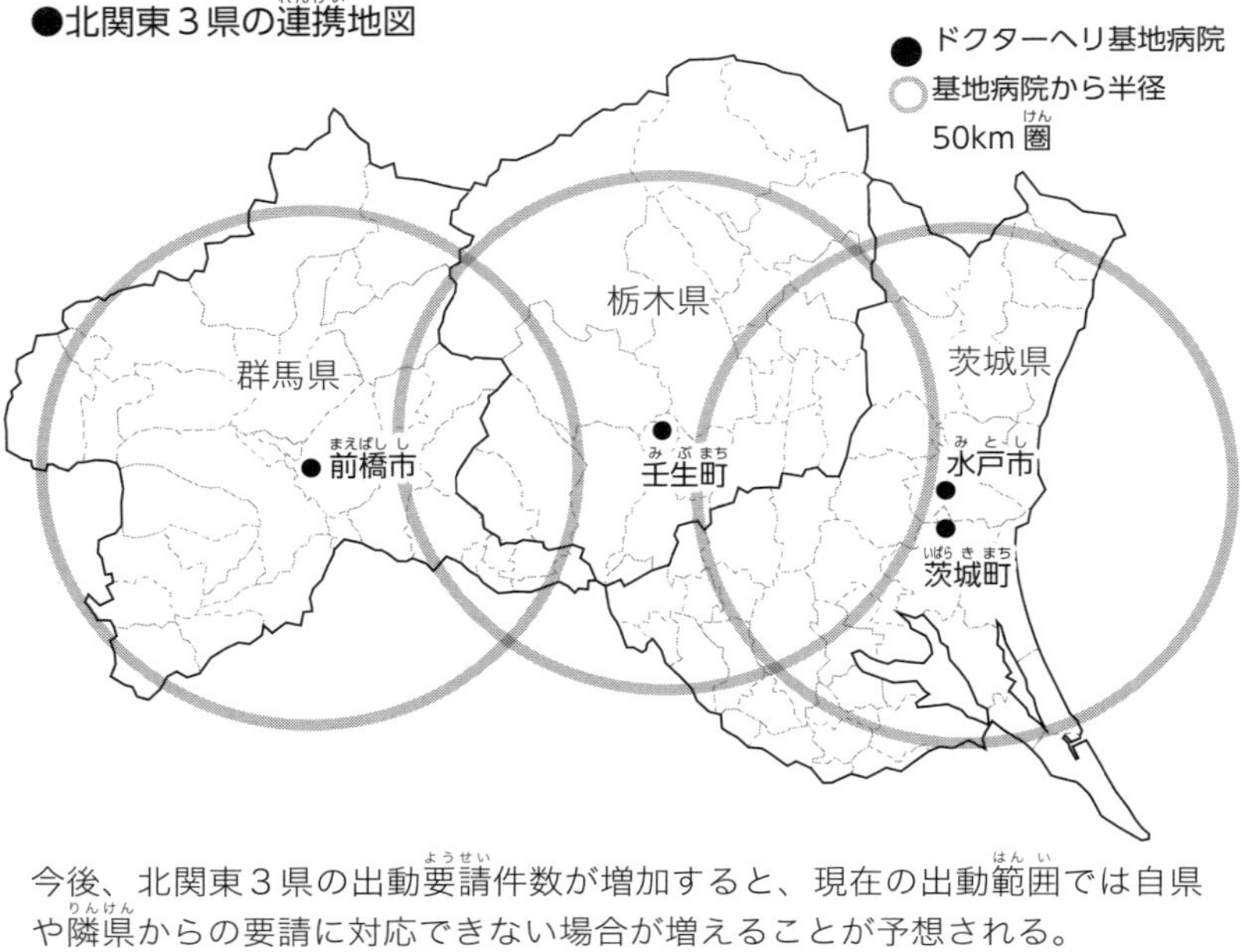

今後、北関東３県の出動要請《ようせい》件数が増加すると、現在の出動範囲《はんい》では自県や隣県《りんけん》からの要請に対応できない場合が増えることが予想される。

第三章　ドクターヘリのクルー

■スタッフは5人で1チーム

第三章の章題「ドクターヘリのクルー」の「クルー」とは、「乗組員」のことです。ドクターヘリは、医師と看護師が乗り込んで現場に向かいますが**Q3の答え**、そのためには、ヘリコプターを操縦するパイロットが必要なのはいうまでもありません。でも、一般には知られていないようですが、出動時には整備士と運航管理士（CS《シーエス》）とよばれる人も必要です。

「整備士」は、本来は機体の整備をする役目ですが、実は、ドクターヘリに搭乗《とうじょう》して別の役割も果たします（→p78）。

「運航管理士」は、ドクターヘリには搭乗せずに、基地で消防本部などとの連絡《れんらく》や調整をおこなって、ドクターヘリの運航を地上から支える役割をします**Q5の答え**。

このため、ドクターヘリのクルーは4人ですが、運航管理士1人を含《ふく》めて、5人が1チームとなっています。この5人のメンバーは、チームワークがとても重要です。

なお、1チーム5人のうち、医師と看護師は病院のスタッフで、パイロットと整備士、運航管理士は運航会社のスタッフです。ドクターヘリの運航をおこなっている会社は全国にいくつかあり、それらの会社が地方自治体のドクターヘリにパイロットと整備士、運航管理士を派遣《はけん》する形となっています。また、一般的には医師と看護師が1名ずつ乗り込むことが多いですが、僕《ぼく》のいる栃木県のように、医師2名が搭乗するところもあります。

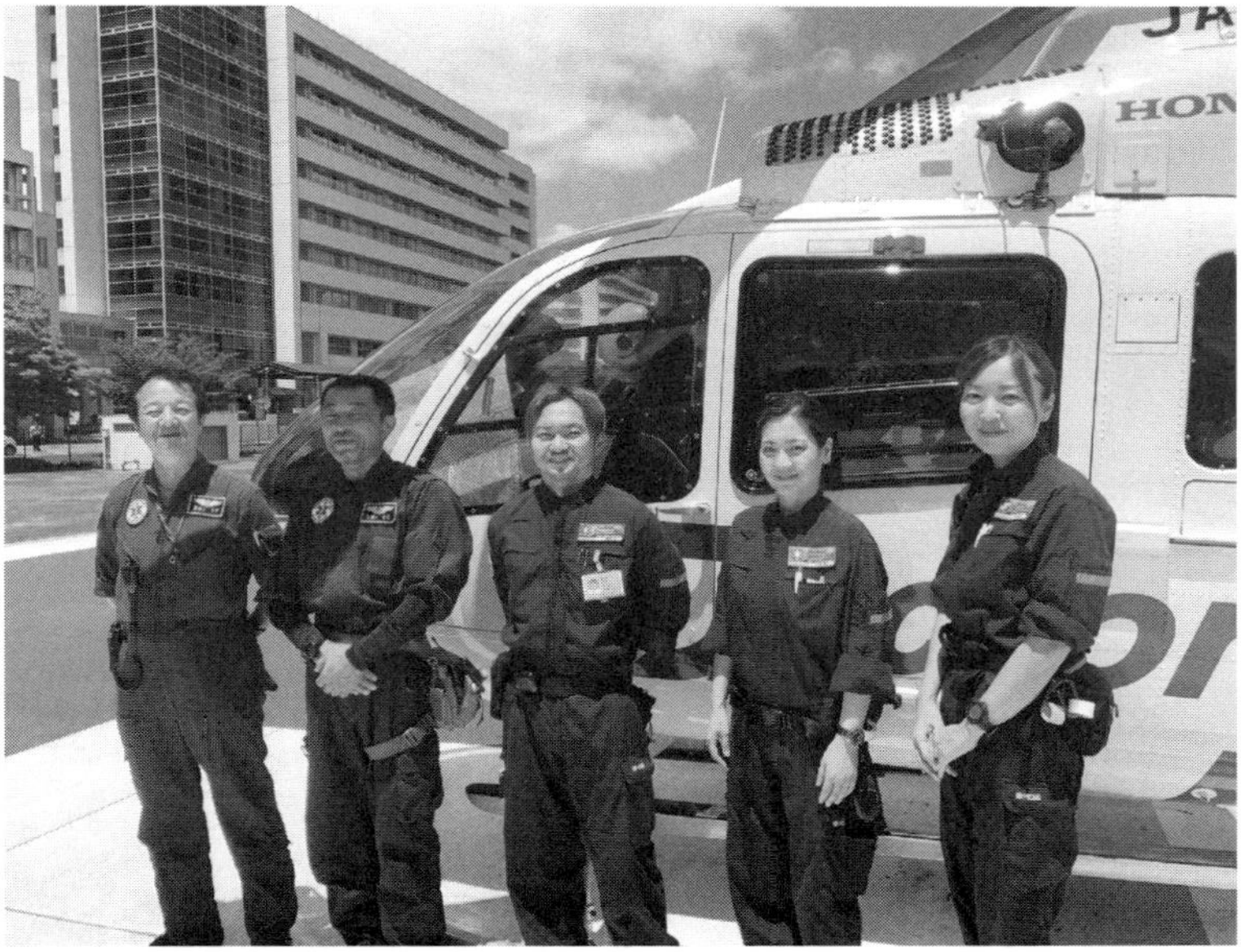

ヘリに搭乗《とうじょう》するのは、（左から）パイロット、整備士、医師２名、看護師の合計５人。栃木県では、医師が２名乗り込む。

■フライトドクター（空飛ぶ医師）

ドクターヘリで現場に出動する医師は、「フライトドクター」とよばれます。普段《ふだん》は基地のある医療機関《いりょう》で救急科の医師（救急医）として、ほかの救急医と同じように救急患者《かんじゃ》の治療《ちりょう》にあたっているのです。

救急医の役割は、速《すみ》やかに初期診療《しんりょう》を施《ほどこ》し、必要に応じて適切な診療科の医師にバトンタッチすることです。そのため救急医には、脳卒中《のうそっちゅう》や心臓病、けがはもちろん、重症のやけどや中毒などの場合にも対応できるように、幅広い医療知識と技術が求められます。

出動要請《ようせい》があると病院業務を中断し（ほかの医師に任せ）、直《ただ》ちに（3分以内↓p50）ヘリコプターに搭乗《とうじょう》。このためフライトドクターは、いつでもフライトスーツを着ています。

ドクターヘリは、8時30分から日没前《にちぼつまえ》までが出動可能時間（↓p51）ですので、フライトドクターとしての勤務は、その範囲《はんい》（プラスα）となります。フライトドクターとしての夜勤《やきん》や当直《とうちょく》は原則としてはありませんが、当院では救急医としては当直をしているので、日中フライトドクターとして勤務した後に、夜間は救命救急センターで当直することもまれではありません（病院によって異なる）。また、ドクターヘリの出動は３６５日体制ですから、それにしたがって個人の休日も制限されています。

フライトドクターは、ドクターヘリに乗り、一刻《いっこく》を争う重症患者《じゅうしょうかんじゃ》のもとにかけつける。

■非常に厳しい仕事

ドクターヘリは「空飛ぶ救命救急室」といわれていますが、その実、限られた医療《いりょう》資源（医療機器や医薬品）だけで医療をおこなわなければなりません。ドクターヘリの内部はとても狭《せま》く窮屈《きゅうくつ》で、患者《かんじゃ》を搬送《はんそう》する際には一層狭くなります。短い飛行時間中も適切な処置をし続けなければならず、ヘリコプターの騒音《そうおん》と振動のなかでは、聴診器《ちょうしんき》は使いづらいなど、厳しい条件のなかで患者の命と向きあうのです。そうした状況《じょうきょう》が、1日何回もあります（1日7回の出動例もある）**Q10の答え**。

フライトドクターは、搬送先の病院に着いてからも患者の引き渡しや申し送りなど、さまざまな仕事が待ち受けています。基地病院にもどれば、当然、出動前におこなっていた院内の業務もこなさなくてはなりません。さらに、出動報告書としてPC（パーソナルコンピューター）のデータベースへの入力を当日中に仕上げなくてはなりません。ひとことで言って、フライトドクターの仕事は、非常に厳しいといえるでしょう。

もとより、ドクターヘリが出動するのは、患者に生命の危機がせまっている場合が多くなっています。限られた時間のなかで容態を把握《はあく》し、最適な治療《ちりょう》を始めなければ患者《かんじゃ》の命にかかわります。フライトドクターには、テレビドラマや映画のようなかっこよさなどまったくありません(かっこよくありたいものですが…汗《あせ》)。仕事の厳しさも、実際はその比でないくらいに体が資本ともいえる毎日だけれど、達成感は大きいと、僕《ぼく》は言いたい!

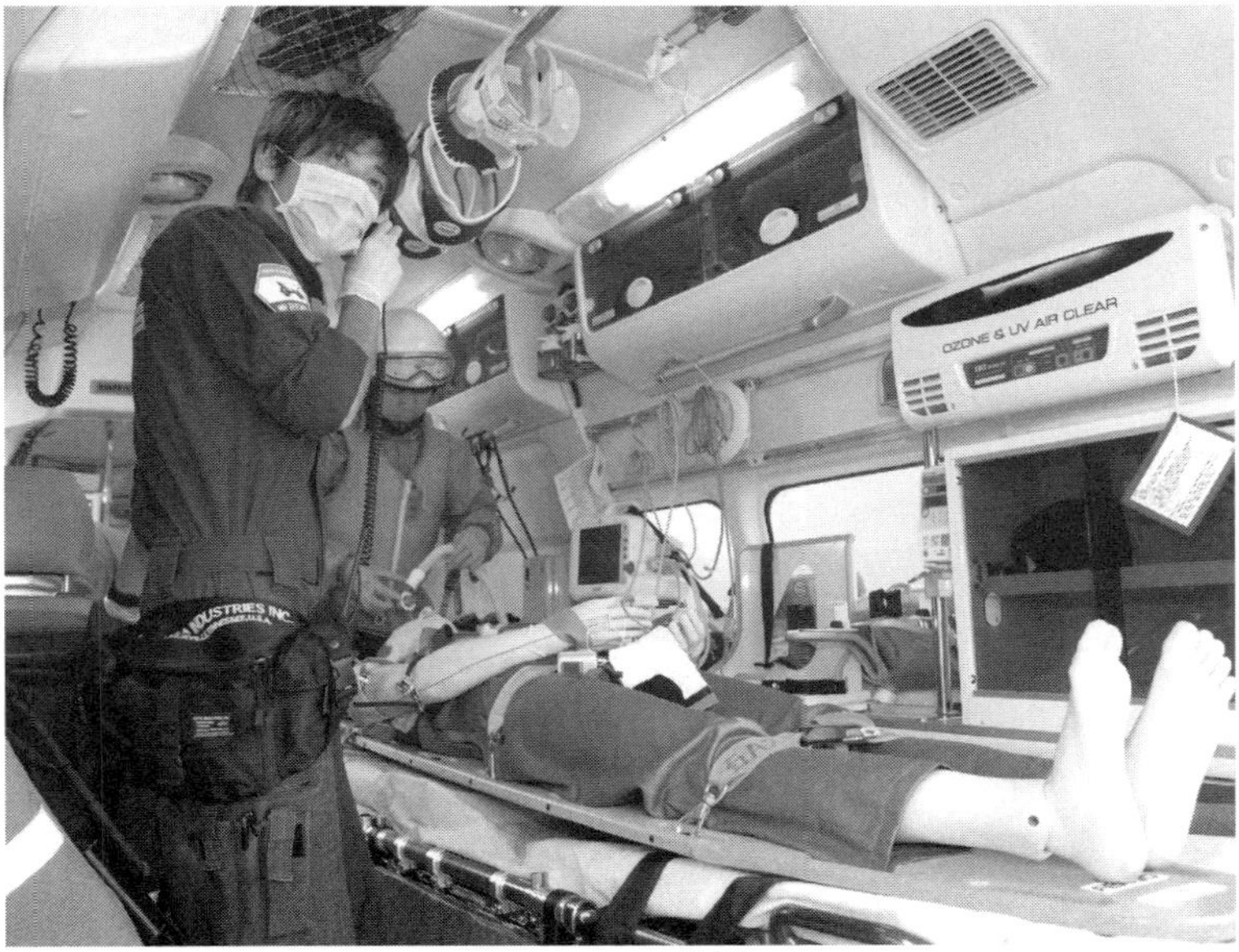

ランデブーポイントからドクターヘリで搬送《はんそう》する前に、合流した救急車のなかで患者《かんじゃ》を治療《ちりょう》することがほとんど。(写真は訓練《くんれん》のときのようす)

■あらゆる役割をこなすフライトナース

ドクターヘリで現場に出動する看護師を「フライトナース」とよびます。

フライトドクターと同様に、普段《ふだん》は基地のある病院の救命救急センターで勤務しているのが普通《ふつう》です。フライトナースも、いつ出動があってもよいようにフライトスーツを着用していまます。白衣《はくい》やスクラブは着ていません。

普通、看護師の仕事というのは、何人かで分担しておこなっています。でも、ドクターヘリのなかでは看護師は1人だけ。このため、フライトナースの仕事の範囲《はんい》は自ずと広く、より重要になってきます。

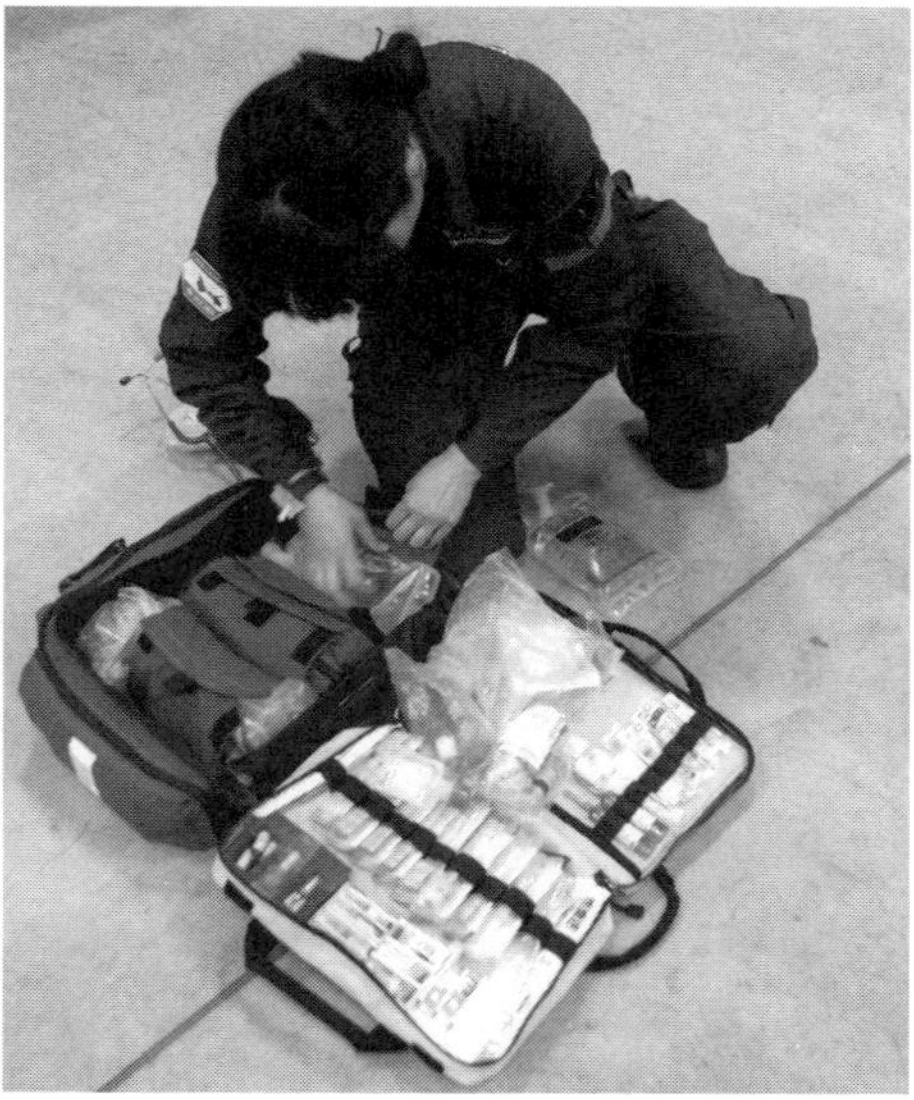

現場で診療《しんりょう》に必要な物品を救急バッグから取り出す。どこに何が入っているか、すべて記憶《きおく》している。

フライトドクターが治療《ちりょう》に専念できるように処置を介助《かいじょ》したり、診察《しんさつ》内容の記録をつけたり……。患者《かんじゃ》家族の連絡先の確認もおこないます。生命の危機にさらされる患者への言葉がけも、とても重要な仕事！　また、基地病院に搬送《はんそう》した場合などは、家族とのかかわりも一層密接になります。現場から始まり、病院にもどった後も親身《しんみ》になって対応。急変した身内のことで混乱している家族にとって、フライトナースの存在は、なくてはならないものです。

そして次の出動に備えて、医療《いりょう》資機材や医薬品の補充《ほじゅう》などもおこないます。フライトドクター同様、たいへんな仕事です。

患者《かんじゃ》をドクターヘリに運び入れる間に、救急バッグを手にして移動するフライトナース（左はし）。

■パイロットの腕《うで》にかかる飛行時間

救急医療《いりょう》は、応急処置の開始時間や手術など、根本治療《ちりょう》の開始時間をどれだけ早められるかが極《きわ》めて重要です。そのため、ドクターヘリの出動要請《ようせい》から現場に到着するまでの時間をどれだけ短縮できるかは、とても大事なことです。

この時間短縮は、まずは、スタッフが搭乗《とうじょう》するまでの時間をいかに短くできるかによりますが、それだけでなく、パイロットの操縦技術にもかかっているといわれています。

これは、離陸《りりく》の際、どの方向に離陸するかにも関係します。基地のヘリコプターはいつも同じ方向へ離陸するわけではなく、離陸の直前に、パイロットが、運航管理士（↓p79）から知らされた、その時点での風向や風速などを判断して、適切な方向へ離陸するのです。この飛び立ち方で、かかる時間が変わってくるといいます。

また着陸についても、パイロットは正確な着陸位置をあらかじめ知らされていないのが普通です。なぜなら、離陸時には一刻《いっこく》も早く離陸することが優先されるからです。

離陸したのちに無線で着陸ポイントを知らされたパイロットは、気象情報などをたえず確認しながら飛行ルートを決定し、着陸地点へ向かいます。

なお、ドクターヘリのパイロットには、豊富な飛行経験だけでなく、医療《いりょう》関係者とのコミュニケーションが適切にできることや、ドクターやナースが使用するさまざまな医学用語を理解することも求められています。

パイロットは自分の目で機外を確認しながら飛行。暗くなれば飛行はむずかしい。天候の変化に応じた、安全で迅速《じんそく》な運航が求められる。

■整備士の役割はとても大きい

ドクターヘリの機体を整備して安全に飛行させるのが、整備士の役目です。整備というと、基地に駐機《ちゅうき》している機体の整備をおこなうように思われがちですが、ドクターヘリの

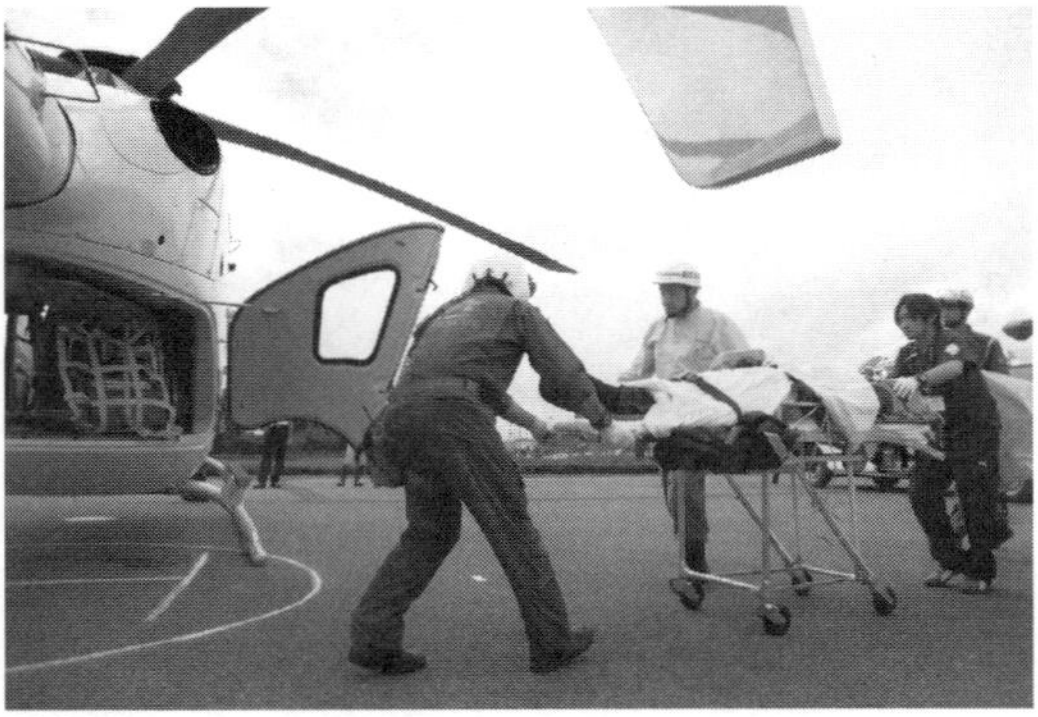

患者《かんじゃ》を乗せて運ぶストレッチャーを管理するのは、整備士の仕事。

整備士は、クルーの1人として一緒に搭乗《とうじょう》して現場に向かいます Q4の答え。飛行中は、パイロットの補助役をつとめます。現場に着いてからは、患者《かんじゃ》をストレッチャー（患者を運ぶときに使う車輪つきの担架《たんか》）に乗せたり、機体への搬入《はんにゅう》および搬送先《はんそうさき》の病院でストレッチャーの搬出《はんしゅつ》もおこなったりします。このように、ドクターヘリの整備士は、機体の安全管理のほか、搭乗する医療《いりょう》スタッフの行動にまで気を配るという重要な役目があるのです。

■運航管理士はフライトの司令塔《しれいとう》

ドクターヘリの運航管理士は、CS《シーエス》(Communication《コミュニケーション》 Specialist《スペシャリスト》の略《りゃく》)ともよばれています。

CSは、出動要請《ようせい》があると直《ただ》ちに、救急隊や消防機関、医療機関などとの連絡・調整にあたり、国土交通省航空局への飛行計画の提出など、さまざまな事務処理をします。つねに天候の最新情報をキャッチして、飛行経路の予測をパイロットに伝えます。

離陸後《りりくご》には、無線でパイロットに着陸地点を指示したり、フライトドクターや医療機関の医療スタッフに患者の容態を伝えたりします。このようにCSは、ドクターヘリのまさに司令塔《しれいとう》ともいうべき仕事をおこなっています。

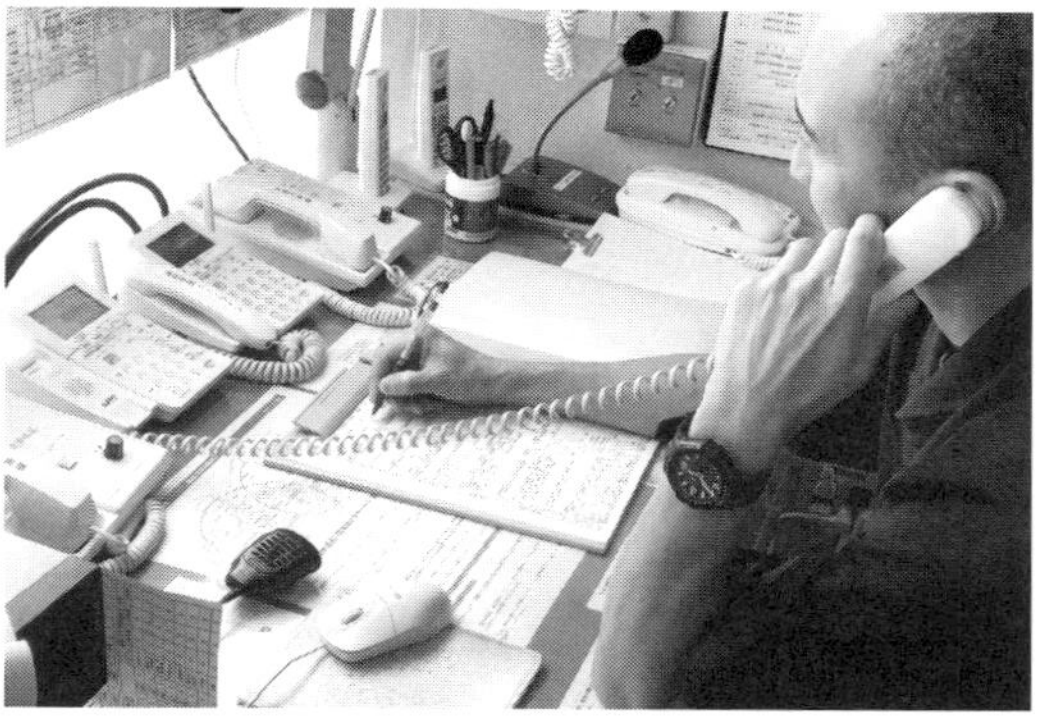

運航管理士は、ひとときも通信機器からはなれずに通信や電話をくりかえす。

第四章　ドクターヘリのクルーに「なるには」

■フライトドクターになるには？

フライトドクターも、一般の医師と同様に医大や、大学の医学部を卒業して、医師国家試験に合格し、医師免許《めんきょ》を取得しなければなりません。その後、研修医として、実際に病院で患者《かんじゃ》を診療《しんりょう》しながら幅広《はばひろ》く学んでいきます。この時点では専門分野は決まっていないので、内科、外科、小児科《しょうにか》、麻酔科《ますいか》など、さまざまな分野の研修をおこないます（↓p92「僕《ぼく》の場合」）。これに、およそ2年間かかります。さらに勉強したい人には、3年間の「後期研修（専門研修）」があります。

こうして医師になった人がフライトドクターになるには、救命救急センターで救急医として実地経験を積む必要があります。もちろん、その他の専門領域で研鑽《けんさん》を積んだ医師もいます。いずれにせよ、救急診療《しんりょう》に精通した医師となる、ということです。

ただし、特に「フライトドクター」という資格があるわけではありません（それぞれの地方自治体や医療《いりょう》機関が独自に病院に基準を設けているところもある）。

たとえば栃木県ドクターヘリでのフライトドクターへの道のりを紹介します。

●栃木県ドクターヘリ「フライトドクター（FD）」教育プログラム

搭乗《とうじょう》条件
- 救命センター専従医であり、初期研修が修了《しゅうりょう》していること。
- 救急科専門医もしくはそれに準ずる知識・技量があること。
- 時間厳守《げんしゅ》ができること。
- 栃木県の消防、救急医療の事情についての知識や理解があること。
- ドクターヘリについて充分《じゅうぶん》な知識、理解があること。
- 本人、家族の承諾《しょうだく》が得られていること。

搭乗までの流れ（搭乗前条件）
上記事項を満たしている、満たすことができると判断されれば、以下の流れとなる。
①承諾書《しょうだくしょ》の提出　②栃木県ドクターヘリの現状と展望（座学）
③栃木県ドクターヘリフライトスタッフマニュアル読み合わせ
④外傷の初期診療《しんりょう》コース、無線講習　：必ず受講してもらうが、受講前であっても勉強会を受講し、前述条件を満たしていると判断されれば④以降に進む。
⑤安全ブリーフィング（服装、無線等装備品の確認など）
⑥機内器材、資器材確認　⑦搭乗前最終確認　⑧搭乗

搭乗後
- 搭乗回数が 10 回目までは基本的にはオブザーバーとして搭乗する。
- 以降、評価者の承認が得られれば OJT《オージェイティー》*として活動する。
- 搭乗後も無線講習、外傷の初期診療コースの受講は義務とする。
- FD に昇格《しょうかく》するまでに 20 回以上事後検証会に参加すること。
- 通算搭乗回数が 50 回ないしは OJT 昇格後 1 年間の継続搭乗にて評価者からの承認が得られれば試験的に FD とし 20 回の搭乗後に評価。以後、不合格であればさらに 10 回搭乗後に再評価。これをくりかえす。

評価者：救命センター長、プロジェクトリーダー、チームリーダー
評価者の他に病棟《びょうとう》スタッフおよびフライトスタッフからのヒアリングを重視する。
（病棟や初期治療室《ちりょうしつ》での診療の知識・技量に加えて、患者家族への対応やリーダーシップなど普段の診療内容を聴取《ちょうしゅ》）

＊ on《オン》 the《ザ》 job《ジョブ》 training《トレーニング》（実際の職務現場において、業務を通しておこなう教育訓練のこと）

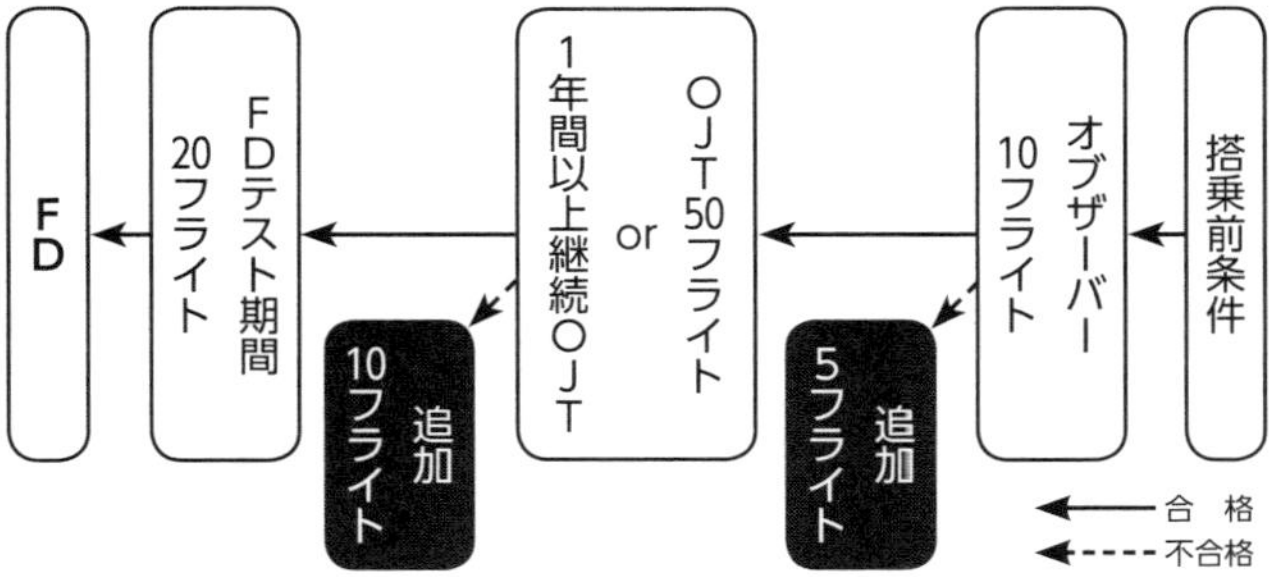

「栃木ドクターヘリ MFD 教育プログラム」より一部改変

研修を終え、実際にドクターヘリに乗るようになってからも、フライトドクターは、より広い知識を得るために日夜《にちや》努力が必要です。救命の最先端の医療《いりょう》として、ドクターヘリに関する情報を得たり、さまざまな診療《しんりょう》スキルを身につけたりするなど、つねに学んでいく姿勢が必要となります。

■フライトナースになるには?

フライトナースになるのも、一般の看護師になるのと同じです。大学または短大の看護学部、看護専門学校などを卒業し、国家試験を受けて、国家資格の看護師免許《めんきょ》を取得しなければなりません。

フライトドクターと同じで、現在、フライトナースになるための資格というものはありませんが、ほとんどの医療機関では、看護師としての勤務経験が5年以上で、救急・集中治療室《ちりょうしつ》の看護経験があることなど、独自の基準がつくられています。

ちなみに、日本航空医療学会のフライトナース委員会では、選考基準として次の三つをあげています。

①看護師経験5年以上、救急看護経験3年以上、または同等の能力があること。リーダーシップをとることができる。

②ACLS《エーシーエルエス》（二次救命処置）およびJP《ジェイピー》TEC《テック》＊をおこなえる資格を取得していること。もしくは同等の知識・技術をもっている。

③日本航空医療学会が主催《しゅさい》するドクターヘリ講習会を受講している。

＊ACLSは、医師および教育訓練を受けた看護師や救急救命士などが医師の指示のもとにおこなう心肺《しんぱい》蘇《そ》生法《せいほう》のこと。JPTECは、現場から病院搬送《はんそう》までにおこなわれる外傷の初期診療《しんりょう》のこと。

ドクターヘリに乗りこんだフライトナース（右）。出発を待つあいだにも医師と情報を交換《こうかん》。

■パイロットになるには?

ドクターヘリのパイロットになるには、ヘリコプターのパイロット免許《めんきょ》を取らなくてはなりません。それも自家用免許だけではなく、事業用免許（国家資格）が必要です。

ヘリコプターのプロパイロットをめざすには、以前は民間の養成スクールに入るしかありませんでしたが、２０１０（平成22）年、国内の４年制大学ではじめて帝京《ていきょう》大学の理工学部にヘリコプターパイロット養成コースが開設され、ほかにも一部の私立大学にいくつかあります。

大学では、３年生終了時点までに事業用操縦士免許取得をめざします。将来ドクターヘリのパイロットをめざす学生は、救急医療《いりょう》を熟知《じゅくち》している医学部の教員などから、救急医療現場の実状や基礎知識についても指導を受けます。卒業後民間の航空会社に就職した後、さまざまな飛行業務をおこない、必要な経験を積んだ後、ドクターヘリのパイロット募集を待ちます。ただし、ドクターヘリのパイロットになるには、総飛行時間１０００時間以上*

の経験が必要などといった厳しい条件があります。

◉運航会社

現在ドクターヘリは、ほとんどが自治体から委託《いたく》された民間の運航会社が運航し、運航を委託された運航会社がパイロット、整備士、運航管理者を基地のある医療機関に派遣《はけん》しています。たいていの運航会社では、ドクターヘリのほか、自治体所属の消防防災ヘリコプターの運航受託《じゅたく》業務などもおこなっています。こういった会社は全国にいくつもあり、ヘリコプターを含《ふく》む航空機のさまざまな運航のほか、スカイダイビングや重要人物の輸送、貨物輸送、航空写真、航空測量などもおこなっています。

＊これまで業界の自主規制として飛行経験2000時間以上とされていたが、時代の変化とともにそれだけの飛行時間を積むことが難しく、熟練《じゅくれん》パイロットの確保が困難となっている。そこで国土交通省内に検討委員会を設置し、飛行経験を「機長として1000時間以上」に緩和《かんわ》するとともにドクターヘリの特性に特化した訓練プログラムをおこなうなどを新基準とする方向が出されている。

基地病院のヘリポート近くにある待機室で出動要請《ようせい》を待つパイロット（手前）と整備士。天候の変化などをつねに把握《はあく》しておく。

■整備士になるには？

ドクターヘリの整備士になるには、「航空整備士」という資格を取る必要があります。

高校や高等専門学校を卒業後、航空専門学校、または大学の理工学部で学んだ後、航空会社や航空整備会社などに就職。入社後、経験を積み、資格取得をめざします。そして、学科試験に合格し、さらに法律で定められた期間の整備経験を得た上で、実地試験に合格すれば、資格を取得することができます。なお、航空専門学校によっては、在学中に資格を取得できるコースを設けているところもあります。

いつでも出動できるように、基地病院にもどると燃料を補給しておく。

■運航管理士（CS《シーエス》）になるには？

ドクターヘリのCS《シーエス》は、航空無線通信士および「三級陸上特殊《とくしゅ》無線技士」以上の免許《めんきょ》が必要です。ただし、資格を取得しただけではCS業務につくことはできません。運航会社に入社後、気象や航空学などを学び、運航管理補助者として経験を積まなければなりません。実際、ドクターヘリのCSには、ヘリコプターの事業用操縦士の資格をもっている人や、パイロット経験者なども多くいます。このことからも、運航管理士が、ドクターヘリの司令塔《しれいとう》といわれるほど重要な仕事であることがわかります。

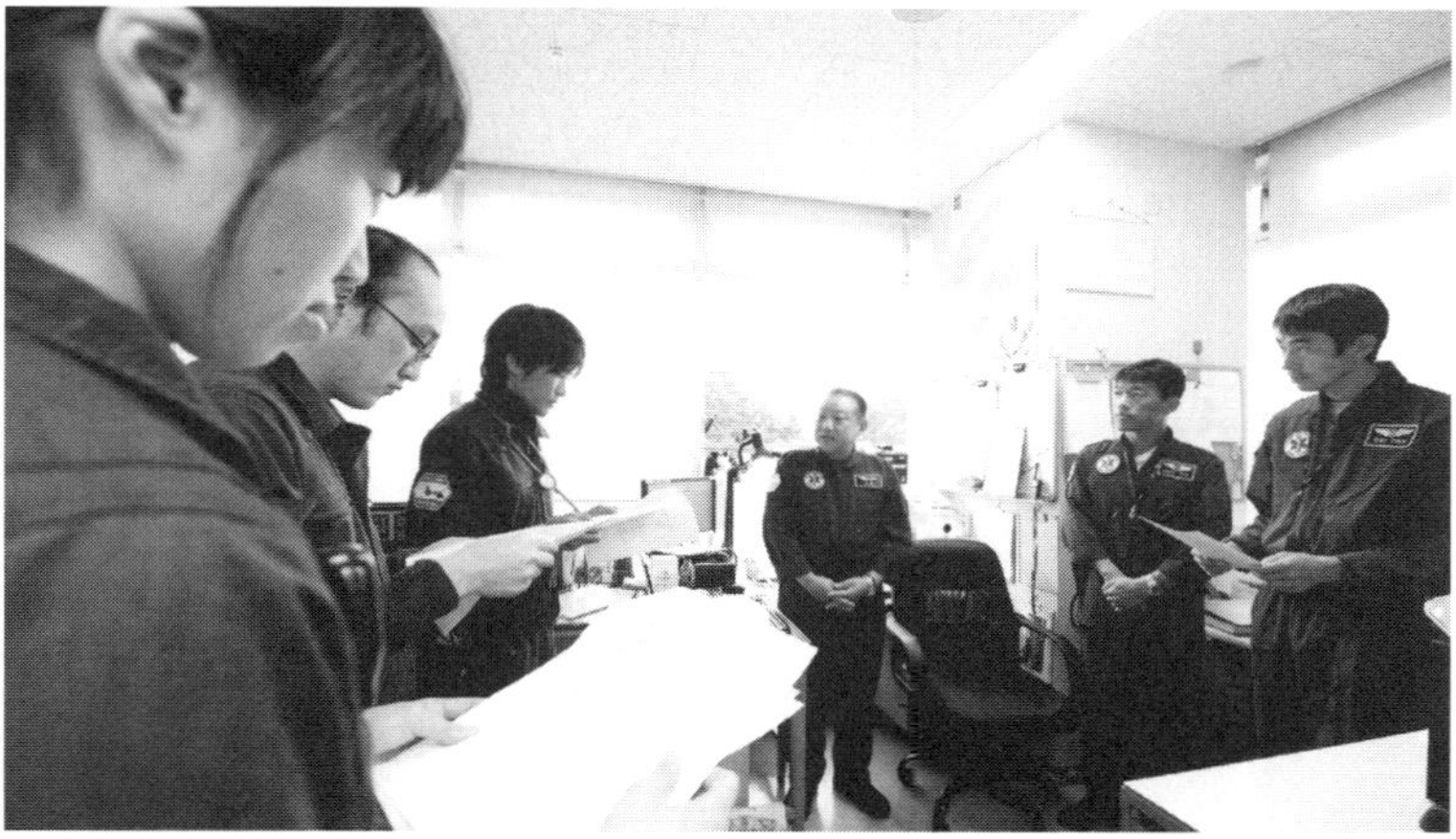

運航管理士を中心におこなわれる朝のスタッフミーティング。医師、看護師、パイロット、整備士が集まり、その日の注意事項《じこう》などについて報告しあう。

第五章

僕《ぼく》の場合

■麻酔科医《ますいかい》のかかわるフィールド

この本も終わりに近づいてきました。ここで僕《ぼく》自身の経歴についてお話しします。僕は、「はじめに」に書いたとおり麻酔科医《ますいかい》です。「麻酔科医」にはいくつかの医療《いりょう》分野での仕事があります。

一つは、いわゆる「麻酔業務」です。これはおもに、手術室での術中の全身管理が中心で、麻酔器などの医療機器や医薬品、そしてさまざまな手技を用いることで、手術が安全におこなえるように全体のマネジメントをします。

人間の身体は多くの臓器で構成されていますが、手術という外科的侵襲《しんしゅう》＊により、臓器は急激な反応をおこします。その反応をコントロールして、身体に過剰《かじょう》な負荷《ふか》がかからないよう調整するのが麻酔業務です。

二つ目は「ペインクリニック」という分野。これは身体的にも精神的にも辛《つら》い痛み、特に生活する上で支障をきたすような長期の痛みに対して、「神経ブロック」といわれる治《ち》療《りょう》や、薬物療法《りょうほう》などをおこなって、患者《かんじゃ》の苦痛を和《やわ》らげるものです。

三つ目は、「集中治療」です。呼吸、循環《じゅんかん》（心臓から血液が送り出されて全身を巡《めぐ》り、再び心臓へ戻《もど》る一連の流れ）、身体の組織や細胞《さいぼう》レベルで営まれる代謝《たいしゃ》という過程、脳から始まり全身にネットワークのように張り巡《めぐ》らされている神経系。これらの一部でも障害を受けると、生命機能を維持《いじ》するのが困難になります。そういった傷病者を回復させるために、各科専門医と密な連携《れんけい》を取りながら全身管理をおこないます。

もう一つ、「救急医療」があります。日本の医療は、脳、心臓、呼吸器、胃腸系など、臓器別、分野別に専門性が分かれて発展してきました。病院に○○内科や△△外科など、多くの診療科《しんりょうか》があるのは、このためです。

ところが、救急車で運ばれたり、救急外来に直接受診する人のすべてを、これらの分野に振り分けることはできません。病気になったり、けがをした場合、臓器別に診療するわけにはいかないのです。一刻《いっこく》を争う場合には、まず緊急《きんきゅう》処置を施《ほどこ》さなければなりません。

麻酔科医の僕がフライトドクターの仕事をおこなってきたのは、この「救急医療」の延

＊人体を切開したり、人体の一部を切除したり、薬剤を投与したりすることによって生体内になんらかの変化をもたらす行為《こうい》など。

長線上にドクターヘリが導入されてきたからです。フライトドクターのなかには、僕のように麻酔科医と救急医を兼《か》ねている医師もいます。

■集中治療部《ちりょうぶ》への出向《しゅっこう》

僕《ぼく》が麻酔科《ますいか》に入局して4年目の秋に、獨協《どっきょう》医科大学病院集中治療部《ちりょうぶ》に出向《しゅっこう》することになりました。僕からの希望です。集中治療のなかでも、心臓血管外科手術の術後全身管理をおこなえるようになりたいというのが、僕の願いでした。その背景には、当時の諸事情《しょじじょう》で心臓血管外科の麻酔を担当することができなかったということもありました。それであれば、術後の全身管理をしてみたいという気持ちが強くあったのです。

当時の集中治療部には、麻酔科医以外に心臓血管外科医や循環器《じゅんかんき》内科医の医師たちが出向していて、院内のさまざまな診療科《しんりょうか》からの依頼《いらい》を受けて、集中治療管理をおこなっていました。術後の呼吸・循環を中心とする全身管理はもちろん、急性心筋梗塞《しんきんこうそく》や急性の肝不《かんふ》全《ぜん》（体内での解毒《げどく》作用や生命維持《いじ》に必要なタンパク質をつくり出す肝臓《かんぞう》の機能に障害がある状態）、細菌《さいきん》やウィルスによる重篤《じゅうとく》な感染症、毒キノコや薬物などによる中毒の全身管理など、さまざまな症例の管理をおこないました。

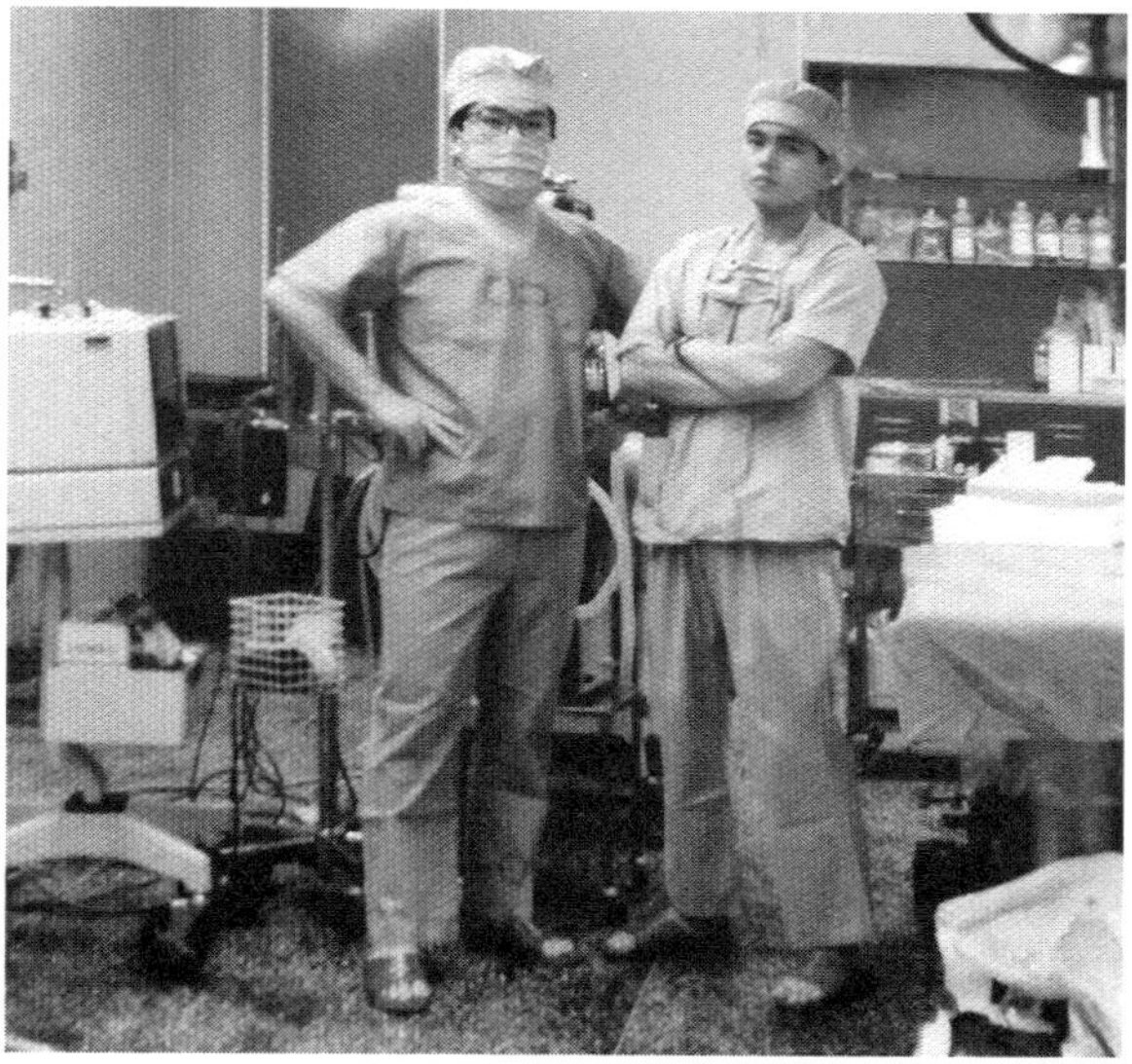

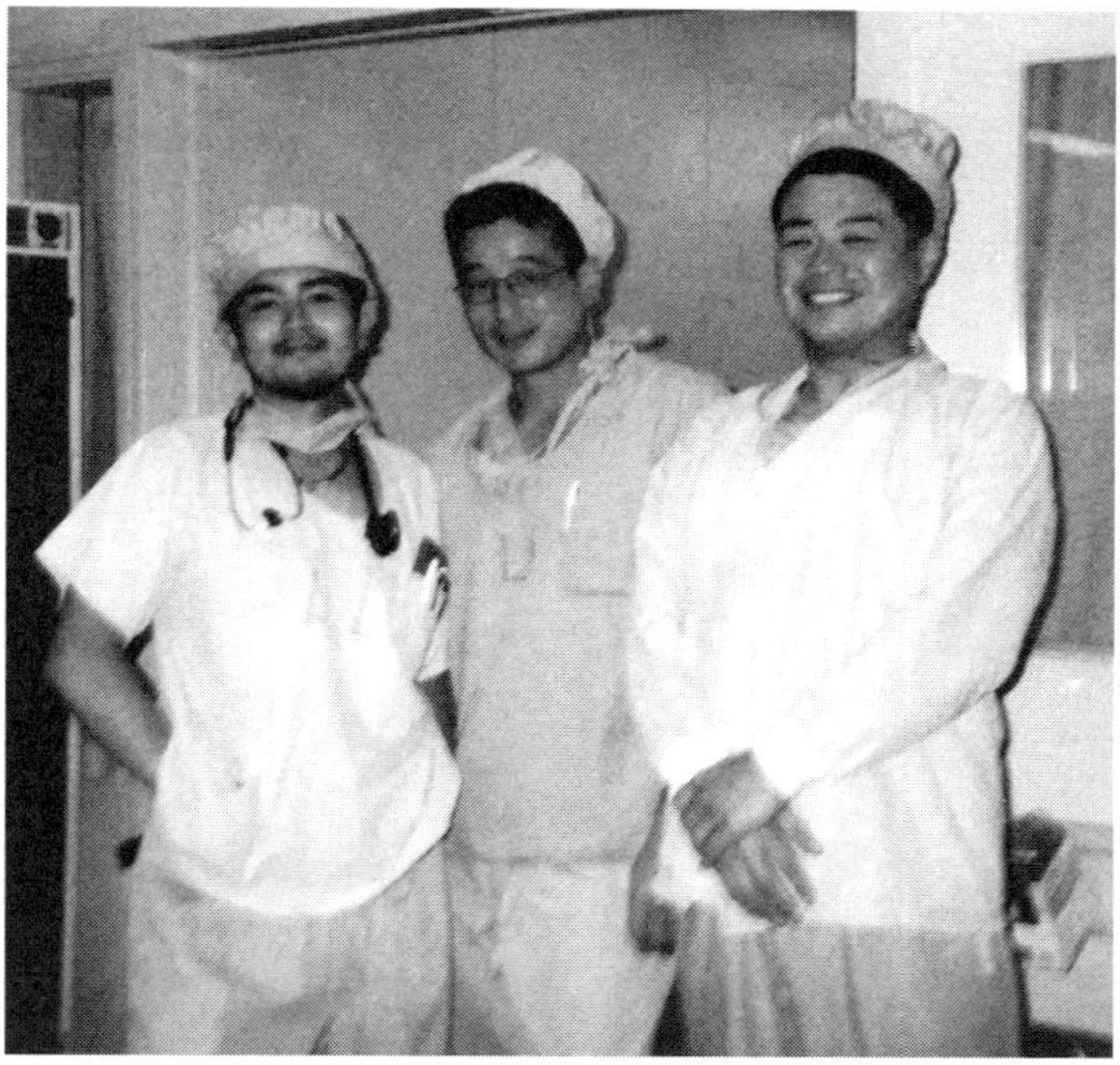

上は大学５年生のときに病院実習していたときのもの（右が僕《ぼく》）。下は集中治療部《ちりょうぶ》に出向していたころ（左はし）。

■救命救急センターへ

僕《ぼく》が集中治療部《ちりょうぶ》へ出向《しゅっこう》した初日にシステム変更《へんこう》がありました。救急隊からの傷病者受け入れ要請《ようせい》の電話（ホットライン）を、集中治療部の医師が受けることになったのです。

当日は、呼吸器外科の先輩《せんぱい》と2人での当直でした。術後の患者《かんじゃ》さんやそのほかの患者さんの集中治療管理で忙《いそが》しいなか、ＩＣＵ《アイシーユー》（集中治療室）に設置されたホットラインが数回鳴りました。

最初は、外国人の方が交通事故にあって重傷・頭部外傷。頭部からおびただしい出血を伴《ともな》った状態で搬送《はんそう》され、昏睡《こんすい》状態でした。直《ただ》ちに呼吸を助けるための緊急《きんきゅう》処置や点滴の確保をおこない、頭部のＣＴ撮影《シーティーさつえい》（身体の内部をＸ《エックス》線でスライスして撮影）。その結果、重篤《じゅうとく》な血腫《けっしゅ》（出血した血液がたまった状態）で脳が圧迫されている危機的状態であることがわかり、脳神経外科医が血腫を取り除く手術をおこないました。

明け方には、乗用車でダンプカーと衝突《しょうとつ》した20歳《さい》の女性がショック状態（全身を巡《めぐ》る血液の流れが不十分で身体の細胞《さいぼう》が機能不全《ふぜん》、または機能不全になりかかっている状態）で搬送。検査をおこなった結果、肝臓《かんぞう》が破裂《はれつ》していることが判明、直ちに緊急手術となりました。

「こりゃ、えらいところに来てしまったな」というのが、その日の僕の正直な感想でした。当時、救急科の専門医はおらず、僕たちは集中治療に加えて救急医療をやらなければならなかったので、とてもたいへんでした。

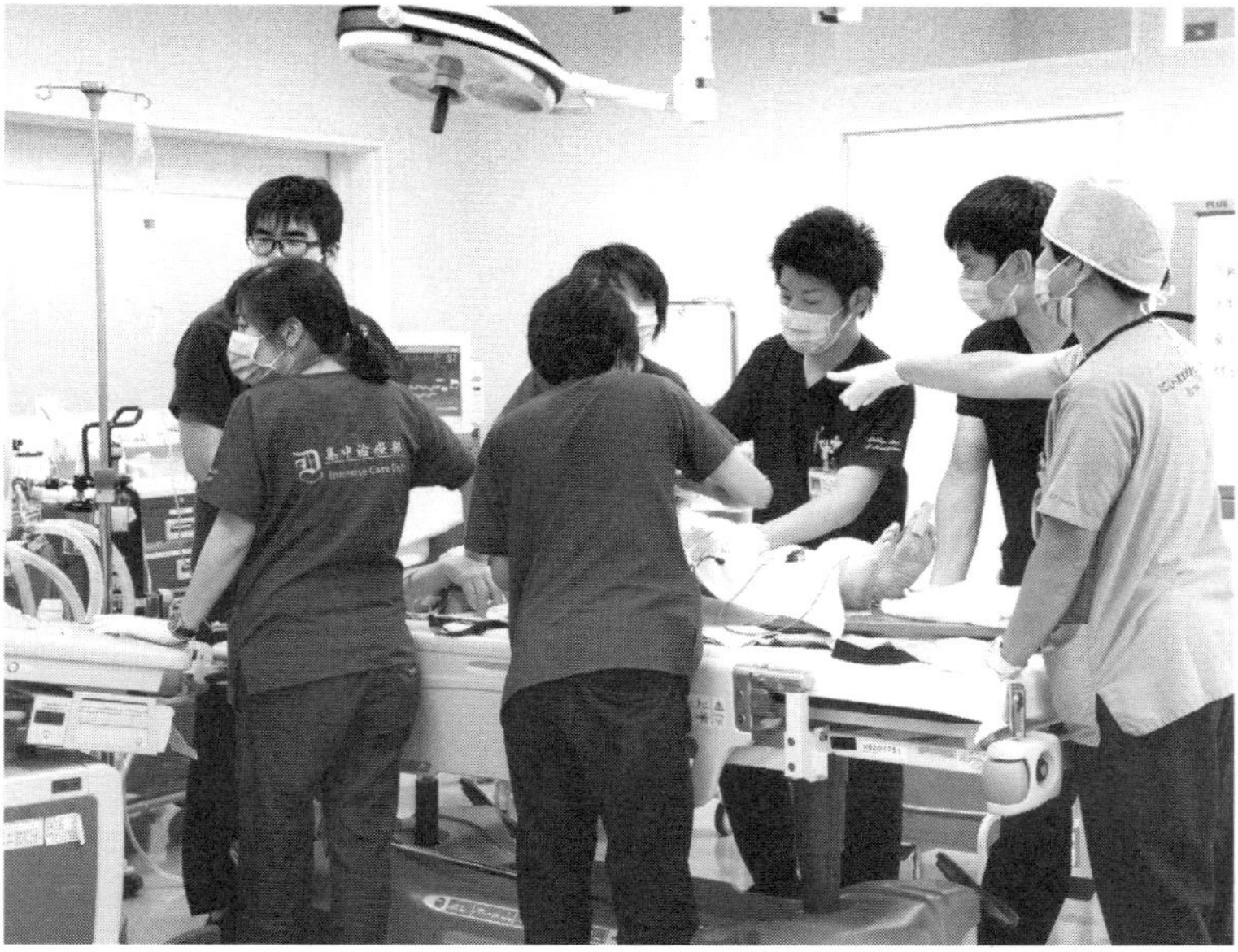

現在の救急初期治療室《ちりょうしつ》。急な病気やケガなどで一刻一秒《いっこく》を争う状況《じょうきょう》になったとき、医師や看護師ほかたくさんの医療《いりょう》スタッフがベストをつくす。

しかし、一方では徐々《じょじょ》にやりがいを感じはじめていました。それは、麻酔《ますい》業務で全身管理をおこなっていた経験があったからにほかなりません。当初は救急医不在のなかでのスタートでしたが、僕《ぼく》たち自身が資格を取得したり、段階的に人員が補充《ほじゅう》されたりしたことで、2002（平成14）年に「救命救急センター」が開設されました。今日では「救命救急センター」と「集中治療部《ちりょうぶ》」の2部門を僕たちが管理するようになっています。

■救急医の仕事

ではここで、僕が勤務する獨協《どっきょう》医大救命救急センター・集中治療部の朝の光景を見てみましょう。

7時。医師や看護師が出勤。

僕を含《ふく》むスタッフの担当は、集中治療部10床《しょう》、救命救急センター病棟《びょうとう》20床、救命救急センターICU《アイシーユー》病棟7床および他病棟3床の計40床。受け持ちの患者《かんじゃ》さんだけでなく、入院している患者さんについて、前日から朝までの入院経過や投薬状況《じょうきょう》、全身状態、検査結果などをチェック。

8時30分から「朝カンファレンス（医師をはじめ看護師、臨床《りんしょう》工学技師など多職種で診断や治療方針について議論する会）」。救命救急センターの医師や入室している患者さんにかかわる他科の医師とともに、患者一人ひとりに関するプレゼンテーション（報告）をおこないます。現在、何が問題で、それに対してどのような評価をし、その結果、どんな

救命救急センターでは、朝・夕にカンファレンスがおこなわれる。正面の壁《かべ》に見えるモニターは、各患者《かくかんじゃ》のデータが表示できるようになっている。

ことをおこなうかを、みんなで考えて意見を述べあい、スタッフ全員で共有。当日の救急車の受け入れ担当者やドクターヘリの調整担当者を確認します。

それが終わると、前日に入院した患者《かんじゃ》さんの主治医や担当医を決めます。ホワイトボードに書き込まれた日付、ベッドの位置、傷病者氏名、そして疾患名《しっかんめい》の横に主治医や担当医、研修医名を書く欄《らん》があります。当日の病棟《びょうとう》責任者がベッド名を読み上げると、素早《すばや》く何人かの医師が手を挙《あ》げて立候補するのです。

受け持ちが決まると、それぞれの患者さんの診療開始。

たとえば、人工呼吸器を使って呼吸管理をしている患者さんの場合は、聴診器《ちょうしんき》を用いて呼吸音を確認します。血液検査や胸部のX《エックス》線検査の結果などを参考にしながら、適宜《てきぎ》人工呼吸器の設定を変更《へんこう》していきます。点滴加療《かりょう》をおこなっている場合、その点滴薬や治療のために必要な薬剤《やくざい》を検討し、その日1日の指示をパソコンに入力します。

■フライトドクターとしての僕《ぼく》のようす

次に、ドクターヘリの業務について説明します。

栃木県ドクターヘリでは医師1名ないし2名、看護師1名体制で運用しています。フライトドクターとナースは、朝、出勤してドクターヘリのユニフォームに着替《きが》え、安全のために釘《くぎ》の踏み抜きなどをしないような硬《かた》い丈夫《じょうぶ》な靴《くつ》を履《は》きます（僕《ぼく》は自宅に持ち帰り、すでに家で着替えてきてしまいますが……）。

午前8時、救命救急センター内にあるドクターヘリ機材室から、ヘリに搭載《とうさい》する医療資《いりょうし》機材や医薬品が入ったバッグ（↓巻頭口絵p3）を持ち出します。同時に、僕たち医師は、金庫に保管されている薬剤（麻薬《まやく》など）を取り出して携行《けいこう》します。これらの薬剤は、厳重《げんじゅう》管理が必要なため金庫に保管しているのです。

格納庫に待機しているヘリにこれらを収容し、ヘリに搭載してある医療用モニターの作動状況や酸素ボンベの残量をチェック。さらに運航管理室との間で無線のチェックをした後、機長や整備士とともに運航管理室へ向かいミーティング、天候状況《じょうきょう》や連絡事項《じこう》などについて伝達を受けます。

出動要請《ようせい》があるまでは、僕たち医師や看護師は救命救急センターおよび集中治療部《ちりょうぶ》で通常勤務をしています。消防から運航管理室に出動要請が入ると、携帯《けいたい》しているトランシーバーに転送され、ヘリに直行。全員搭乗《とうじょう》したところで、ドクターヘリの離陸《りりく》です。

飛行中は、消防本部や現場の救急隊、離着陸の支援をおこなう「支援隊」と無線でコンタクトを取り、現地到着《とうちゃく》時刻や風向・風速、患者《かんじゃ》さんの情報等について確認。患者さんとの接触は、ランデブー方式（→p25）をとることが多いですが、現場の状況《じょうきょう》によっては現場直近の路上や施設敷地内《しきちない》に着陸します。山間部など救出に時間を要するケースでは、ランデブーポイントに着陸したのち、消防の用意した車両に乗り込んで現場まで移動することも（→p29）。ヘリの要請《ようせい》から患者さんに接触《せっしょく》するまでの時間短縮をはかります。

患者さんに接触しだい診療《しんりょう》開始。意識のようす、呼吸が正常かどうか、脈がしっかり触《ふ》れている（脈拍《みゃくはく》がある）かどうかを確認しつつ、医療《いりょう》モニターで血圧や身体への酸素の取

フライトドクターは「空飛ぶ医師」という意味。１秒でも早く救急現場に到着《とうちゃく》することが使命だ。

り込み具合などを評価します。もしどこかに異常があって、生命の危険にさらされている可能性が高ければ、直《ただ》ちに緊急《きんきゅう》処置。病院と異なり、潤沢《じゅんたく》に医療資機材や医薬品が使えるわけではありませんが、医療《いりょう》機関へ搬送《はんそう》するまでの間を安全に管理することは可能です。

患者《かんじゃ》さんの容態がある程度判明したら、フライトドクターが傷病者の全身状態をいろいろと考え合わせて搬送先《はんそうさき》の医療機関を選定。多くの場合、県内の三次医療機関へ搬送依頼《いらい》をしますが、状況《じょうきょう》によっては二次医療機関や隣県《りんけん》の医療機関に相談することもあります。搬送交渉《こうしょう》の余裕《よゆう》もないくらい状況が切迫《せっぱく》している場合には、迷わず基地病院（栃木県の場合は獨協《どっきょう》医科大学病院）へ搬送します。

搬送先が決まれば、患者さんや関係者、消防スタッフにその旨《むね》を伝えてヘリコプターに収容（実際には時間短縮のため、ヘリに収容しながら搬送交渉する場合も多い）。立地条件によっては、ヘリに収容せずに僕《ぼく》らが救急車に同乗したまま医療機関へ搬送する場合もあります。最近は試験的に県庁、基地病院および県内各三次医療機関（基地病院以外に4

か所）にＩＰ《アイピー》無線機を設置しているため、離陸後《りりくご》、該当《がいとう》する医療機関であれば飛行中に患者さんの情報やヘリの到《とう》着《ちゃく》予定時刻などを伝えることもできるようになっています。

搬送先に着陸後は、対応してくれる医師や看護師に申し送りをし、ヘリにもどって、基地病院へと帰ります。滞《たい》在《ざい》時間が長びくと次の要請《ようせい》がかかった場合に対応が困難となるため、速《すみ》やかに帰ることが重要です。

栃木県ドクターヘリでは日没《にちぼつ》30分前を運航終了《しゅうりょう》時間としているので、日没

フライトスーツの背中《せなか》には、「HELICOPTER《ヘリコプター》 EMERGENCY《エマージェンシー》 MEDICAL《メディカル》 SERVICE《サービス》（ヘリコプターによる緊急医療《きんきゅういりょう》サービス）」の文字とヘリコプターのシルエット。僕《ぼく》たちがつくった栃木県ドクターヘリのオリジナル！

20分前にはヘリポートあるいは格納庫へ向かい、医療《いりょう》資機材や医薬品の類《たぐい》を撤収《てっしゅう》し、救命救急センターの機材室に収納。医師は朝、金庫から持ち出した薬剤《やくざい》を金庫内へ。全員で運航管理室にて簡単《かんたん》な振り返りをおこなった上で、業務終了。でも、まだ完全に終わりではありません。その後、僕《ぼく》が作成したドクターヘリのデータベースを用いて、医師はその日の搬送《はんそう》記録を書きこみます。このデータベースには、消防からのＦＡＸ《ファックス》情報と看護師の記《き》載《さい》したヘリの診療録《しんりょうろく》も記録されます。

なお、巻末に僕やほかのスタッフが経験した出動事案をいくつか紹介しておきます。ドクターヘリの実際の活躍《かつやく》ぶりを知ってもらえたらうれしいです。

結びにかえて　ドクターヘリの課題と将来

■災害医療《いりょう》体制

1995（平成7）年1月17日、阪神《はんしん》・淡路大震災《あわじだいしんさい》が発生しました。大都市を襲《おそ》った大規模災害です。瓦礫《がれき》の下敷《したじ》きになり、火災が発生したことで多くの方が命を落とされました。また、クラッシュ症候群《しょうこうぐん》によって亡《な》くなった方も多くいらっしゃいました。これは、長時間下半身が瓦礫などに挟《はさ》まれて圧迫され、その後、救助隊らに救出されて下半身の血の巡《めぐ》りが悪かったところへ一気に血液が回り出したことで、挟まれて壊《こわ》れた筋肉の細胞《さいぼう》から流出した酵素《こうそ》やカリウムという物質などが全身をめぐり、突然《とつぜん》心臓が止まってしまったり腎臓《じんぞう》が不全状態になってしまったりする、極めて緊急性《きんきゅうせい》の高い状態のことです。

病院も大混乱です。被災地の病院は停電や断水、医療《いりょう》資機材や医薬品、さらには従業員も不足しているところに多数の傷病者が押《お》し寄せました。当時は現在のような災害超急性《ちょうきゅうせい》期《き》に被災地に入り、活動できる医療班は存在しませんでした。また、広域医療搬送《はんそう》という考え方も普及《ふきゅう》しておらず、発災当日に消防防災ヘリで搬送された方がわずか1名のみという状況《じょうきょう》でした。さらに、情報網《じょうほうもう》の不備などにより、被災地内の医療機関の収容傷病者数に著《いちじる》しい偏《かたよ》りが発生してしまいました。情報共有がなされないまま、多くの医療機関が孤《こ》立《りつ》状態となってしまったのです。

これらの反省から、国としてDMAT《ディーマット》、災害拠点《きょてん》病院、広域医療搬送計画、広域災害救急医療情報システム（EMIS《イーミス》）という四つの施策《しさく》（後述）がおこなわれ、結果、現行の災害医療体制が構築されてきました。

◉DMAT《ディーマット》

DMAT《ディーマット》は、Disaster《ディザスター》 Medical《メディカル》 Assistance《アシスタンス》 Team《チーム》の頭文字で、大規模災害や局地災害の被災地域にいち早く出動し、災害の超急性期から医療を提供する医療チームのことです。厚生労働省の認めた専門的な研修である「日本DMAT隊員養成研修」の修了者《しゅうりょうしゃ》により構成されています。

構成員は、医師、看護師および業務調整員。業務調整員とは、通信インフラを確立したり、衣食住の手配や移動手段、燃料等の確保をしたりするなど、DMAT《ディーマット》活動をする上で必要となるさまざまなことを準備・調整・実践《じっせん》する専門家です。おもには医療《いりょう》機関に勤務している事務職や薬剤師《やくざいし》、検査技師、放射線技師等が担《にな》っていますが、なかには消防関係者や医師、看護師、さらにはドクターヘリの運航会社スタッフでも資格を取った方がいます。DMATの活動内容は、次のとおりです。

①被災地内の災害拠点《きょてん》病院に入り、支援活動をおこなう。病院の本部機能やDMATの活動拠点本部ができあがっている場合には、そこの活動支援に入る。おもには医療情報収集と伝

地震《じしん》などの被災地に災害医療《いりょう》チーム（DMAT《ディーマット》）を派遣《はけん》する緊急《きんきゅう》広域搬送《はんそう》訓練のときのDMAT活動拠点《きょてん》本部。大規模災害時では、DMATが何隊も参集するため、それらを組織化して情報を共有することが重要。

達：CSCA《シーエスシーエー》（→p120）の実践である。その地域の医療ニーズを把握《はあく》し、情報発信したりする。

②一般病院の支援：支援指揮所を立ち上げて、その病院の本部機能を支援する。EMIS《イーミス》に病院の安否情報が入力されていなければそれを調査し、通信インフラを確立した上でEMISに発信する。もちろん、医療のニーズがあってDMAT数に余裕がある場合には診療《しんりょう》支援等もおこなう。あくまでも支援であるので、基本的には当該《とうがい》医療機関の指揮下に入って活動することが多い。

③現場活動

④集落や避難所《ひなんしょ》、救護所等の調査、搬送《はんそう》支援、救護所活動

⑤SCU《エスシーユー》（Staging《ステージング》 Care《ケア》 Unit《ユニット》）：自衛隊基地や空港、医療機関や公園のグランドなどに設けられた臨時医療施設。SCU指揮所を立ち上げた上で、広域医療搬送や地域医療搬送をおこなうことを目的として、傷病者の受け入れ、診療、搬出をおこなう。また広域医療搬送の際の航空機内活動として、航空機への搬入から移動中の診療・観察、搬出等をおこなう。

◉災害拠点《きょてん》病院

災害拠点《きょてん》病院とは、耐震《たいしん》構造、重症《じゅうしょう》傷病者受け入れのための医療《いりょう》設備や体制、情報収集システムやヘリポート、緊急《きんきゅう》車両などの要件を満たした上でDMAT《ディーマット》を保有することで都道府県から指定された医療機関です。災害時に、地域の病院、現場、集落、避難所《ひなんしょ》等の被災状況《じょうきょう》や危険因子、傷病者数や傷病程度などを把握《はあく》、傷病者の受け入れをおこないます。

◉広域医療搬送《いりょうはんそう》計画

広域医療搬送《はんそう》は内閣府《ないかくふ》・厚生労働省が関係機関と連携《れんけい》して、自衛隊機等を用いて傷病者を被災地外の航空搬送拠点《きょてん》まで航空搬送するものです。計画が決定すると、EMIS《イーミス》上に緊急情報として掲示《けいじ》されます。一方で、地域医療搬送というものもあります。これは被災地の内外を問わず、都道府県や市町村、医療機関単位で救急車やヘリコプターを用いて傷病者を搬送するものであり、広域医療搬送以外のものを指《さ》します。

◉広域災害救急医療情報システム（Emergency《エマージェンシー》 Medical《メディカル》 Information《インフォメーション》 System《システム》; EMIS《イーミス》）

　ＥＭＩＳとは、ひとことでいうと「情報共有するためのツール」です。ウェブ上で「ＥＭＩＳ」で検索すればすぐわかります。一般の方でも災害に対する豆知識や救命処置・応急処置、行政機関の連絡先《れんらくさき》などの閲覧《えつらん》や医療機関の検索が可能です。

　都道府県や市区町村、各医療機関、医師会、保健所、消防機関などが専用の機関コードとパスワードでログインしネットワークで結ばれることで、さまざまな情報を発信・共有することが可能となります。被災地域内の医療機関は、被災状況（建物倒壊《とうかい》・倒壊の恐《おそ》れ、ライフラインの稼働《かどう》状況、多数傷病者の有無や職員の不足など）を、また、支援可能な医療機関も自施設の重症患者《かんじゃ》や中等症患者の受け入れ可能数を入力します。さらに、出動ＤＭＡＴを登録したり、その後の活動状況を入力したりすることができます。また、ＤＭＡＴの都道府県調整本部や活動拠点本部、指揮所などの組織図を作成したり、航空機による医療搬送情報を発信したりすることができます。ほかにも緊急《きんきゅう》情報や一斉《いっせい》メール送信機能など、さまざまな機能が盛り込まれたツールです。活用することで、災害の超急性期から厚生労働省や災害拠点《きょてん》病院、ＤＭＡＴ《ディーマット》などで情報の共有化がなされ、円滑《えんかつ》な医療《いりょう》活動が可能となります。

■東日本大震災《だいしんさい》における問題点とその後の対応策

阪神《はんしん》・淡路《あわじ》大震災《だいしんさい》がドクターヘリ誕生のきっかけといえますが、ドクターヘリに関する課題が象徴的に現れたのも、やはり大震災でした。２０１１（平成23）年3月11日に東日本大震災が発生。当時はまだ、ドクターヘリの災害時の運用に関する明確な取り決めがなかったのです。すでに何度も書いてきましたが、ドクターヘリを要請《ようせい》できるのは消防だけ（→p48）。これは、航空法施行《しこう》規則１７６条に従って、ドクターヘリも航空機として国土交通省や防衛省、警察・消防機関が使用するものと規定されていることによります。

ところが、東日本大震災直後の被災地内活動において、ドクターヘリは、実際にはＤＭＡＴ事務局からの要請で出動していました。それは法律の枠外《わくがい》でおこなわれていたことでした。

そこでは、さまざまな問題が起こりました。

その一つが、燃料の補給でした。実は、被災地から患者搬送《かんじゃはんそう》等をおこなった多くのドクターヘリの燃料補給がうまくいかなかったのです。なぜなら、公的な活動であるにもかかわらず、正式な手順を踏《ふ》んだ出動ではない民間運航会社（↓p87）のヘリコプターとみなされたからです。また、通常の各道府県内での活動と異なり、複数機のドクターヘリ、消防防災ヘリや自衛隊機なども活動していたため、運航管理上での指揮命令系統などが混乱するという問題も発生しました。このほかにも、東日本大震災では、ドクターヘリに関して、さまざまな問題が浮《う》き彫《ぼ》りとなりました。

こうした経験から、２０１３（平成25）年11月、航空法施行規則１７６条が改正されました。そのおもな内容は、消防などからの要請でなくても、ドクターヘリが出動できるようになったこと。これを受け、全国の自治体でもドクターヘリの運航要領が改正されました。

栃木県でも、災害時に運用する場合、通常の要請手続きを経なくても、知事や厚生労働省、DMAT《ディーマット》事務局からの要請により、ドクターヘリが出動できるようになりました。

■災害医療《いりょう》の問題

「災害はいつ起こるかわからない」は、よく耳にする言葉です。

東日本大震災《だいしんさい》も前ぶれなく突然《とつぜん》に発生。三陸沖《さんりくおき》を震源《しんげん》とするマグニチュード9・0の地震《じしん》（観測史上国内最大規模）と、それに続く大津波によって非常に多くの命が犠牲《ぎせい》となりました。しかも、それに続く福島原発事故は、未曾有《みぞう》の被害をもたらし、今なお辛《つら》い生活を強いられている方もいます。

それまでの日本は、首都直下型地震、東海地震、東海・東南海地震など大規模な災害を想定して対策を講じてきましたが、東日本大震災は想定外だったといわれています。

規模の大小によらず、災害が発生した地域は大混乱となります。近隣《きんりん》地域でも少なからず影響を受けます。そうした際、ドクターヘリはどのような活動をすればよいのでしょうか。もとより医療者《いりょうしゃ》は、どのようなことに留意して医療活動をおこなうべきでしょうか。

災害は、地震・津波・台風などの自然災害と、列車事故や航空機事故、工場爆発《ばくはつ》などの人為《じんい》災害とに大きく二分できます。

さらに、自然要因と人為要因との両者がかかわって発生する複合災害やCBRNE《シーバーン》（chemical《ケミカル》：化学物質、biological《バイオロジカル》：生物、radioactive《ラジオアクティブ》：放射性

災害現場に派遣《はけん》されたときの訓練をおこなう獨協《どっきょう》医科大と他病院のDMAT《ディーマット》。
「医師」であることがわかるように、ワッペンをつけて活動する。

物質、nuclear《ニュークリアー》：核《かく》、explosive《エクスプローシブ》：爆発物《ばくはつぶつ》）といわれる特殊《とくしゅ》災害やテロなどもあります。

事故や工場爆発など局地的な災害の場合は、近隣《きんりん》の医療《いりょう》機関のみで対応が可能ですが、広域災害では、インフラが崩壊《ほうかい》し、近隣周辺の医療機関も被災しているのが普通《ふつう》です。

このような場合、被災を免《まぬが》れた一部の医療機関に傷病者が集中し、医療従事者の人員不足や医療資機材・薬剤《やくざい》の需要《じゅよう》供給バランスの破綻《はたん》と相まって混乱をきたします。これらの混乱を極力

「トリアージ」について講習を受ける医師と看護師。処置をおこなう優先順位を考えることは、とてもむずかしい。

回避《かいひ》するためには、傷病者トリアージ（大事故や災害などの際、同時に多数の患者《かんじゃ》が出た場合、手当ての緊急度《きんきゅうど》に従って優先順をつけること）をおこない、緊急度・重症度《じゅうしょうど》の高い傷病者を優先的に収容し、限られた医療資源を効率良く使用する必要があります。

一方、被災地域内の医療機関に対し、被災地域外から医療支援をおこなうことによって人員不足を補ったり、根本治療が必要な傷病者を被災地域外の医療機関へ搬送《はんそう》したりすることは可能です。

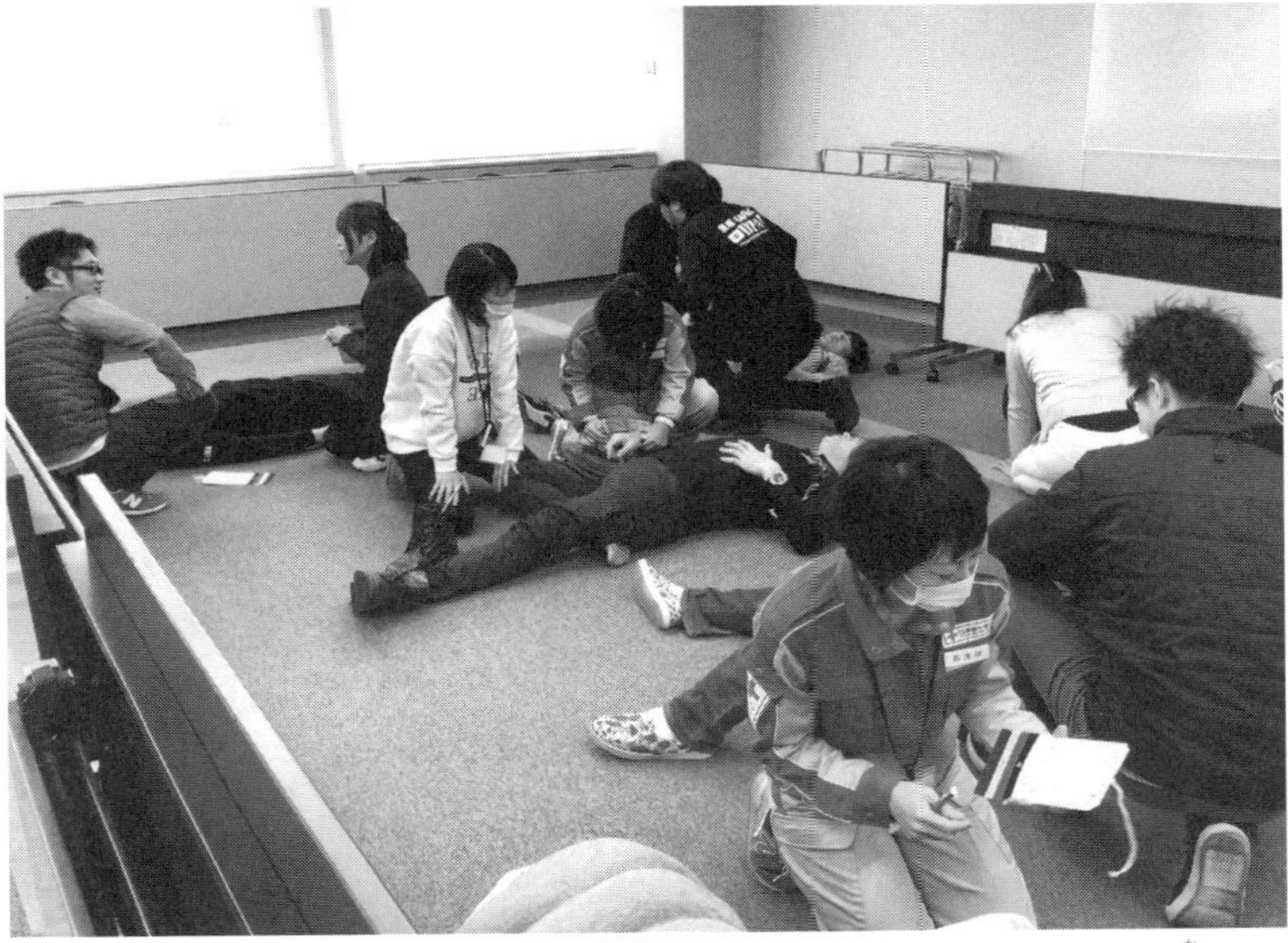

災害現場でのトリアージの訓練。要請《ようせい》があれば被災地にすみやかに駆《か》けつけ、医療《いりょう》活動をおこなえるようにするには、日ごろからの準備が大事！

■CSCATT《シーエスシーエーティーティー》

普段《ふだん》、一般診療《しんりょう》業務をおこなっている医師・看護師・各専門職、事務職などにとって、ひとたび災害が発生すると、その状況《じょうきょう》は一変します。通常とは異なる部署、新しく立ち上がった部門などに配置され、普段おこなわないような業務を課せられたりすることもあります。ここで医療《いりょう》機関や災害現場での医療活動を円滑《えんかつ》におこなうための「CSCATT《シーエスシーエーティーティー》」というキーワードについて紹介《しょうかい》します。災害時のみならず、平時のドクターヘリ事案での現場活動においても有用な考え方です。やや専門的な言葉も出てきますが、ちょっと考えれば「なるほど！　そうか……」と思えるような内容だと思うので、しばらくお付き合いください。

①C《シー》：Command and Control《コマンドアンドコントロール》（指揮と連携《れんけい》）

災害医療は、医療機関単位あるいは部門単位、また、各医療チーム単位で、組織的な活動をおこなう必要がある。そのために第一に重要なことは、指揮命令系統の確認である。現場あるいは医療機関等で医療活動を開始するに当たり、当該《とうがい》部署の責任者を確認し、責任者の指示に従い行動する。

災害現場では警察、消防、医療チーム、それぞれの組織が密接にかかわることになるが、各組織内での指揮と組織間における連携《れんけい》を早急に構築する必要がある。

現場での救助事案に際しては、安全管理に配慮《はいりょ》し消防機関と連携を取った上で、救護所などで医療活動をおこなう。状況によっては、消防機関の指揮下に入って行動することもある。医療機関内での活動では、災害対策本部を設置し、本部長をコマンドリーダーとして診療《しんりょう》部門（医師部門、看護部門、放射線・薬剤《やくざい》・検査部門など）、事務部門、ロジスティックス部門などの連動したシステムを発動させることが必要である。

②S《エス》：Safety《セーフティ》（安全）

診療に入る前に、必ず安全の確保・確認が必要となる。

Safety《セーフティ》のS《エス》は、さらに三つのS（self《セルフ》, scene《シーン》, survivor《サバイバー》）に分けられ、それぞれにおける安全管理が重要となる。

（1）自身の安全管理（self）：まず、自分自身の安全管理をおこなう。特に災害現場や被災した医療《いりょう》機関で活動する場合、相応のユニフォームやヘルメット、手袋《てぶくろ》、種々プロテクターなどの個人防護具を着用する。これにより二次災害を防ぐ。

（2）現場の安全管理（scene）：現場におけるあらゆる危険因子について確認・評価をおこなう。そのためには、現場に駐留《ちゅうりゅう》している警察・消防機関と連携をとり、交通網《こうつうもう》の遮断《しゃだん》や民間人の立ち入り規制、爆発《ばくはつ》・火災の可能性、建物倒壊《とうかい》の可能性など危険因子の排除《はいじょ》ができているかなど、十分な情報を得るようにする必要がある。

（3）傷病者の安全管理（survivor）：自身と現場の安全管理が保障されないうちに医療活動を開始した場合、二次災害に遭遇《そうぐう》する危険性が高くなってしまう。両者の安全が確保された上で傷病者に接触《せっしょく》し、傷病者が危険な状況に置かれていないことを確認・評価する。もし危険が迫《せま》っている状況《じょうきょう》であれば、診療《しんりょう》を開始するよりも、まず傷病者を安全な場所へ移動させることを優先する。その際、警察・消防機関の協力が必要となることも多い。

③C《シー》：Communication《コミュニケーション》（情報収集・伝達）

医療活動をおこなうために必要な情報を得るようにする。また、活動中の医療チーム側からも情報を発信する必要がある。災害現場に出ている医療チームは、自施設の災害指揮本部に現場の被害状況や安全管理状況、人員や資機材の需要供給状態、傷病者の数や傷病程度などを報告する。そうすることで、応援増員体制や物資の輸送、傷病者の受け入れ態勢などが円滑《えんかつ》に進めやすくなる。

東日本大震災《だいしんさい》では、固定電話や携帯《けいたい》電話の停波《ていは》により、右記の情報収集、伝達が非常に困難な状況であった。各医療機関や行政は、EMIS《イーミス》（↓p113）による情報の把握《はあく》・共有が可能であったが、被災地域内の医療チームにおいては、通信手段の確保に難渋《なんじゅう》したチームもあったという。

こうしたトラブルを最小限に抑《おさ》えるため、各医療《いりょう》機関および医療チームは、インターネットや一般電話回線に加えて衛星（携帯《けいたい》）電話を準備すべきである。ほかにも衛星回線を利用したインターネットやMulti《マルチ》 Channel《チャンネル》 Access《アクセス》（MCA《エムシーエー》）無線など、複数の通信手段を確保しておくことが望まれる。

④

A《エー》：Assessment《アセスメント》（評価）

得られた情報資料を必要に応じて取捨選択《しゅしゃせんたく》、吟味《ぎんみ》して有効活用できる「情報」に練り上げ、その「情報」をもとに医療活動をおこなうための方策を検討する。

通常の救急医療と異なり、災害医療においては医療機関であっても現場であっても、人員や資機材・医薬品に限りがある。大多数の傷病者に対して限られた人・物品を使用することになるため、得られた情報から戦略を立てることで効率の良い医療活動をおこなうことが可能になる。

ここまで述べたCSCA《シーエスシーエー》が確立されることで、以降で述べるTTT《ティーティーティー》という医療の円滑《えんかつ》な実践《じっせん》が可能となります。

⑤T《ティー》：Triage《トリアージ》（→p119）

災害医療においては、医療者の人員不足に加えて、医療資機材・医薬品を最大多数の傷病者に提供する必要があるので、緊急度《きんきゅうど》・重症度を考慮《こうりょ》して、傷病者に優先順位をつけなければならない（トリアージ）。傷病者を赤・黄・緑・黒の４群に分類し、「赤」は緊急的に治療《ちりょう》が必要な群、「黄」は治療が遅《おく》れても生命の危機にはつながらない非緊急治療群、「緑」は治療不要もしくは軽処置群、「黒」は死亡または生存の可能性の低い群としている。

トリアージは、一次トリアージと二次トリアージが推奨《すいしょう》されている。

一次トリアージは、少人数の医療チームで多数の傷病者を大雑把《おおざっぱ》に振《ふ》り分《わ》ける方法である。まず、歩行可能な傷病者は「緑」に分類し、残った傷病者に対して生理学的評価として呼吸・循環《じゅんかん》・意識レベルを順次評価していく。「赤」に該当《がいとう》した時点で、それ以降の評価はおこなわない。すべての項目《こうもく》が緊急《きんきゅう》基準に該当しなければ「黄」と判断する。

二次トリアージは、生理学的評価に解剖学的《かいぼうがくてき》評価を加えておこなうものである。第一段階で生理学的評価をおこない、所見《しょけん》があれば「赤」と判断する。第一段階が「赤」でなくても、続く第二段階の解剖学的評価で所見があれば「赤」と判断する。さらに、第三段階の受傷機転（打撲や骨折の原因や経緯）、第四段階の要支援者（小児《しょうに》・高齢者《こうれいしゃ》・妊婦《にんぷ》・基礎疾患《きそしっかん》のある人など）の評価をおこない、該当するものは一見軽傷のようでも「黄」としておいてもよい。

一般的に、災害現場では一次トリアージ、救護所や医療《いりょう》機関では二次トリアージをおこなうことが多いが、つねに決まったものではなく、トリアージをおこなう者の技量や対象となる傷病者の数によって適宜《てきぎ》使い分ける必要がある。また、傷病者は時間経過に伴《ともな》い、容態が変化しうるし、診療《しんりょう》の優先順位をつけたり、搬送《はんそう》の優先順位をつけたりと、そのときどきで目的も異なるため、トリテージはくりかえしおこなわれることになる。

⑥T《ティー》：treatment《トリートメント》（治療《ちりょう》）

災害現場では、救護所への速《すみ》やかな搬送《はんそう》を優先させるため、瓦礫《がれき》の下に挟《はさ》まれているような傷病者を除き、原則現場での治療《ちりょう》はおこなわない。救護所では、生理学的異常に対する治療を優先しておこなう。そして病院への搬送を安全におこなうため、骨折部位をシーネ固定したり、身体に挿入《そうにゅう》したチューブ類の固定具合を確認したりする。医療機関では、さらに詳細《しょうさい》な診療《しんりょう》をおこなうとともに、根本治療が自施設で可能かどうかの判断をし、不可能な場合には根本治療が可能な施設への医療搬送を検討しなければならない。

⑦T《ティー》：transportation《トランスポーテーション》（搬送《はんそう》）

災害現場から救護所、医療機関などへの搬送の優先順位は、おもにトリアージによってなされる。根本治療のために医療機関から医療搬送をおこなう場合でも、やはり緊急度を考慮《こうりょ》した優先順位を決めなくてはならない。さらに受け入れ可能な医療機関の情報

（何名受け入れ可能か、専門性は何か、距離《きょり》はどうかなど）や、搬送《はんそう》手段も考慮《こうりょ》する必要がある。搬送方法としては陸路、空路、水路などがある。陸路であれば救急隊や医療《いりょう》チームによる救急車搬送および自衛隊車両による搬送、空路であれば県、消防の防災ヘリやドクターヘリ、自衛隊機などを用いて搬送する。

以上、災害医療のキーワードである「ＣＳＣＡＴＴＴ《シーエスシーエーティーティーティー》」について紹介《しょうかい》しました。どのような災害であっても、直接傷病者に対して診療行為（ＴＴＴ）を開始する前に、必ずＣＳＣＡを確立しておくことが、安全かつ円滑《えんかつ》な医療活動をおこなう上で非常に重要であることを、この本の読者の方にも知っていただきたいと思います。

■マニュアルと訓練

大災害などが起きたとき、病院全体が一転して、災害医療モードに切《き》り替《か》わらなければなりません。

それをスムーズにするためには、災害時の初動体制や、その後の診療《しんりょう》体制についてのマニュアルを作成して、災害拠点《きょてん》病院などで働くすべての人に、そのマニュアルを周知させることが必要です。

さらに、熊本地震《じしん》を教訓に、厚生労働省は災害拠点病院に対して、被災してもすみやかにその機能を回復し、診療を継続するための業務継続計画（ＢＣＰ《ビーシーピー》）の策定を義務づけました。当院でも既存《きぞん》のマニュアルを参考にしつつ、ＢＣＰを策定中です。これらの内容は、突飛《とっぴ》で実現不可能なものでは意味がありません。具体的な事案を想定し、実働可能な職員、現有する医療資源のなかで実現可能なものを構築する必要があります。

ＢＣＰおよびマニュアルは、全職員が普段から目を通すように徹底《てってい》しておくことが重要です。さらに、そこに書かれていることが実践《じっせん》できるように、訓練をおこなうことも必要です。それも年１回のイベント消化的なものではなく、くりかえしくりかえしおこなうことがたいせつです。

実際に訓練をしてみると、現実的ではない部分が浮《う》かび上がってくるものです。それを元に適時マニュアルを修正して、新たな訓練を実施していきます。こうしたくりかえしにより、災害発生時の医療《いりょう》活動や必要な人員の確保、医療資源の管理等が円滑《えんかつ》におこなわれるようになってくるのです。

また、災害時に使用するすべての物品や施設については、日頃《ひごろ》の定期的な整備点検が重要です。

さらに、普段《ふだん》から、県および医療関係者・消防・警察・自衛隊などの関係者が集まって意見交換《こうかん》をおこなったり、大規模災害等を想定した合同訓練をおこなったりすることもたいせつです。そうすることで、院内外を問わず、「顔の見える」関係ができて、実際の災害などで、連携《れんけい》のとれた医療活動ができるわけです。

災害はいつ起こるかわかりません。だからこそ、有事《ゆうじ》の際に初動体制がとれるよう、普段から災害モード移行への準備、周知徹底、訓練をおこなうことが重要なのです。

■ドクターヘリの今後の課題

この本の最後の章「ドクターヘリの課題と将来」のここまでは、一般の方たちには少し難しい用語を使って解説してきました。最後の最後は、ドクターヘリ同士の連携についてお話ししたいと思います。

北関東三県で広域連携をおこなっていることは先述しました（↓p64）。メリットもある反面、重複要請《ちょうふくようせい》により他県に応援にいっている間に自県での事案に対応できないことや、連携範囲《はんい》の大きさについて述べました。

これについては、消防からの要請の「質」も重要になってきます。ドクターヘリの要請基準も先述しましたが（↓p48）、実際には緊急性《きんきゅうせい》が高くなかったり、重篤《じゅうとく》ではなかったりした事案もあります。本当にヘリが有効活用できそうな緊急性の高い事案を見抜く「目」を養うことで、不要な要請を減らすことが可能となり、引いては重複要請の頻度《ひんど》が減少することが期待されます。

搬送《はんそう》時間の見直しも有用でしょう。たとえば動線的に救急車で15～20分程度で搬送できる地域は、ドクターヘリを要請するよりも車両で陸路搬送したほうが患者《かんじゃ》さんへの接触《せっしょく》が早いかもしれません。あるいは、どのタイミング（119番通報段階か、救急隊が現場へ移動中か、救急隊が現場に到着してからかなど）で要請をかけるかによっても、要請から医療者《いりょうしゃ》が患者さんに接触《せっしょく》できるまでの時間が変わってきます。

これらの課題は、各消防本部（県内12か所）と定期的におこなっている「事後検証会」のなかで振り返りをしながら一つひとつ検討し、共通の理解・認識を持つようにすることでクリアできると考えます。

これから先の課題として重要なのは、「災害時の運用」です。熊本地震《じしん》が発生した年の12月、厚生労働省から「大規模災害時におけるドクターヘリの運用体制構築に係《かか》る指針」が出ました。全国を地域ブロックごとに区切って、それぞれに「連絡担当基地病院」を指定。有事《ゆうじ》の際にはそこが地域ブロック内を調整して被災地に出動させるドクターヘリを指名したり、その間ドクターヘリが不在となる道府県をカバーするドクターヘリを決定した

事後検証会での振り返りがたいせつ。各地域の消防本部から参加する人たち。

検証会に参加する医師たち。

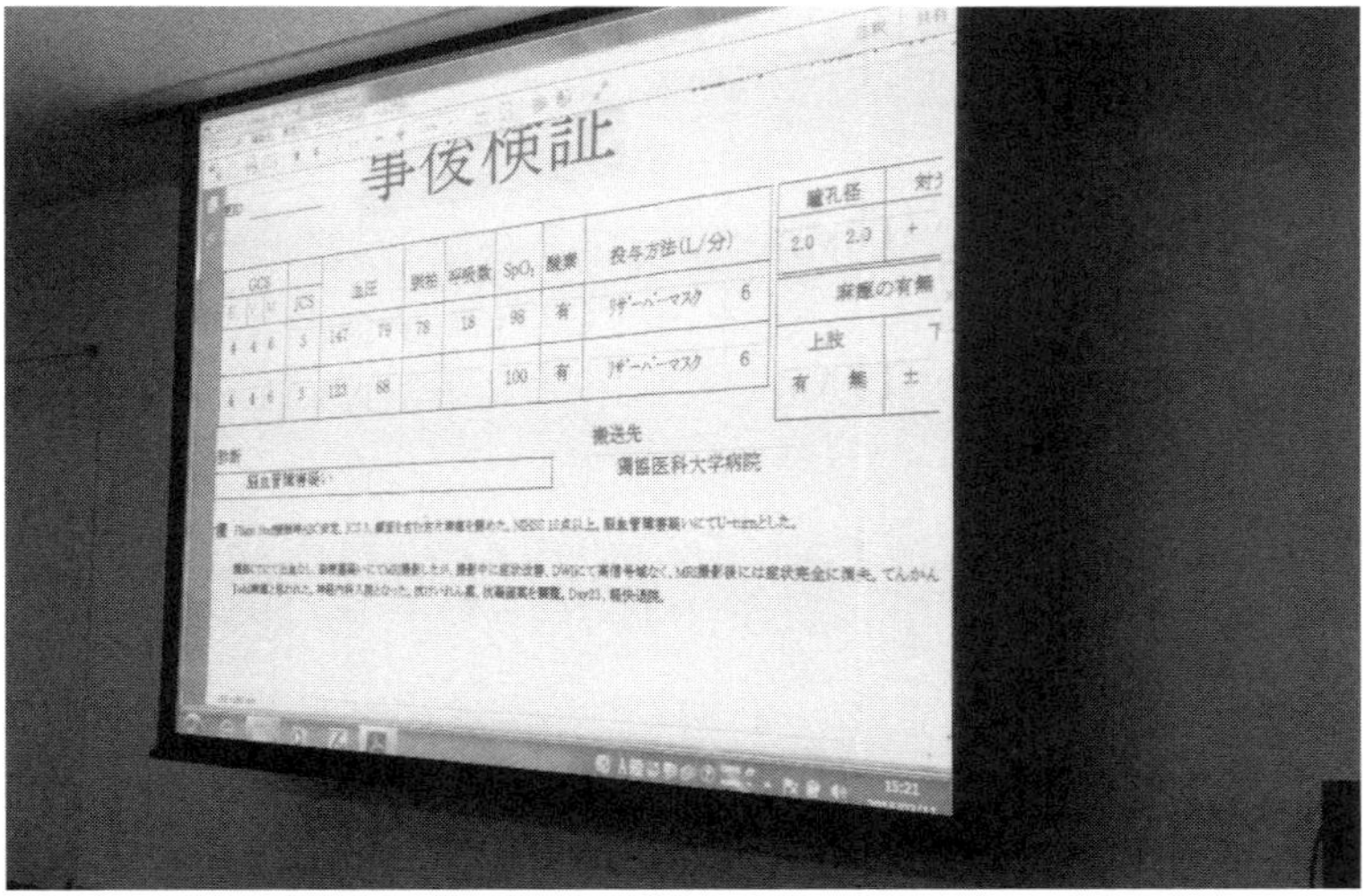

事後検証では、要請《ようせい》事例をあげて、それぞれの振り返りをおこなう。

りすることになります。僕のいる北関東では群馬県の前橋赤十字病院が基地病院の役割を担《にな》っています。

組織図的には県庁内の災害医療本部にできるDMAT《ディーマット》都道府県調整本部のなかに「ドクターヘリ調整部」ができ、基地病院や空港などに「ドクターヘリ本部」ができることになります。まだ試行錯誤《さくご》の段階ですが、訓練などでは複数機集まったドクターヘリを「ドクターヘリ本部」がコントロールして直接ミッションを与えていきます。ドクターヘリでは担えないミッションや、ドクターヘリが別働で利用できないときには「ドクターヘリ調整部」が県災害対策本部内の航空運用調整班の一員として、消防や警察、自衛隊、海上保安庁などにかけあって、行政のヘリを医療搬送《はんそう》に提供してもらえるよう調整をおこないます。

いつ発生するかもわからない災害に備えるため、厚生労働省やドクターヘリにかかわる医療スタッフ、運航スタッフの精鋭たちが、日々努力して活動方針を検討しているわけです。

● 2017年度大規模地震時《じしんじ》医療《いりょう》活動訓練のときのようす

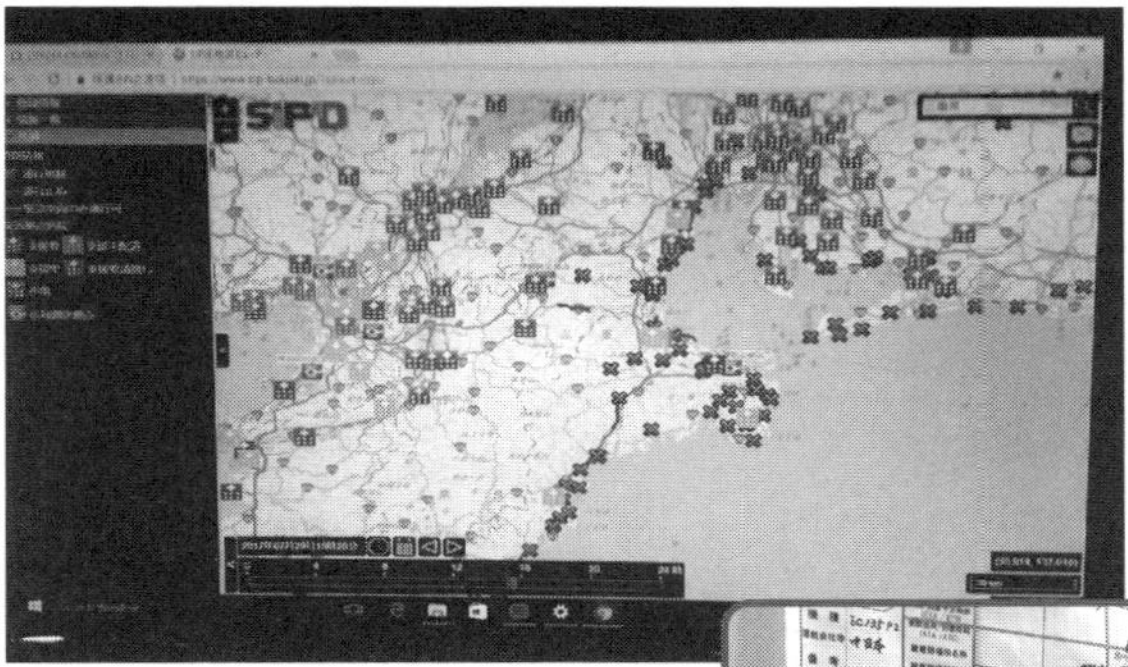

インターネットを使い、道路の通行規制に関する情報や、災害拠点《きょてん》病院で支援が必要かどうかなどが一目でわかるようになっている。

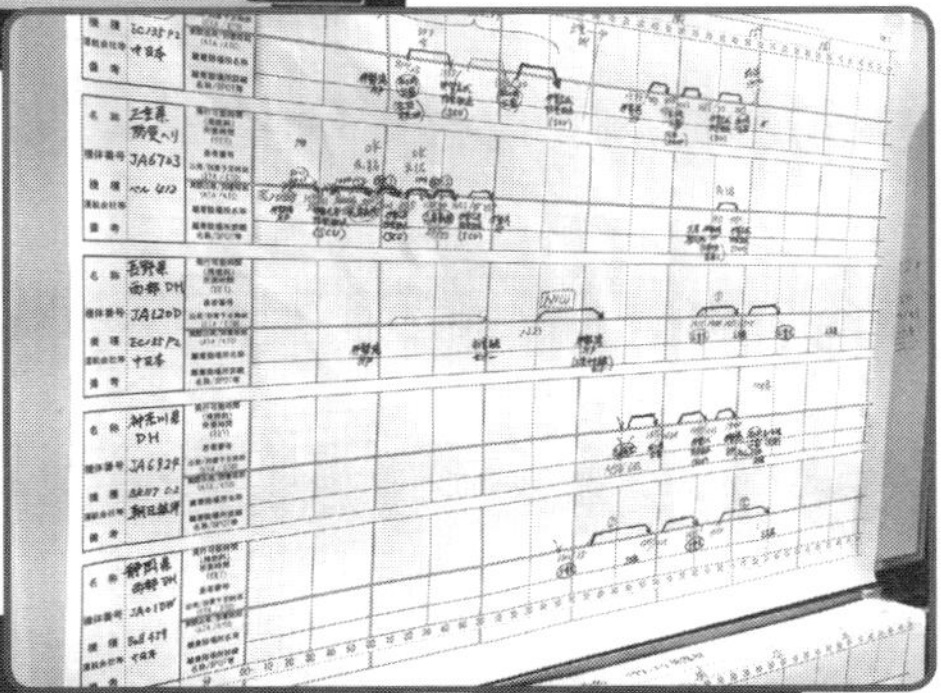

各県のヘリの運航管理表。三重県防災ヘリおよびドクターヘリ、長野県西部ドクターヘリ、神奈川県ドクターヘリ、静岡県西部ドクターヘリなど複数のヘリが集結し、出動要請《ようせい》に対応する。

DMAT《ティーマット》資格をもった医師や看護師が三重県調整本部内の「ドクターヘリ調整部」に集結。全員が被災地内全体を把握《はあく》して、情報を共有する。

いかがでしたでしょうか。災害時のドクターヘリの運用を考えるスタッフのなかには、僕がふだんからいろいろお世話になっている「友人たち」も含まれています。僕《ぼく》は、日本のドクターヘリ事業の拡大を望む一人として、もっと多くの人にドクターヘリとそれを取り巻くさまざまなことについて知ってほしいと願い、この本をまとめました。

読者の方々には、最後までお読みいただいて、本当にありがとうございました。

なお、この本を書く機会をあたえ、企画してくださった稲葉茂勝さんに深く感謝いたします。また、本書を書くにあたり、文章指導などたいへんお世話になった二宮祐子さん、ありがとうございました。そして、本書を出版してくださった、彩流社の竹内淳夫社長には、企画段階でお話しさせていただいてから長時間かかってしまったことをお詫びするとともに、それでも出版してくださったことに感謝申し上げます。

和氣晃司

2018年6月

Doctor-Heli
DOKKYO MEDICAL UNIVERSITY HOSPITAL
DOCTOR HELI
JA02HA
Doctor-Heli

巻末資料／実例

実例1 73歳《さい》／男性

●現場へ向かう機内、消防無線で交信。

「○○救急1から栃木ドクターヘリ、応答願います。」

「○○救急1、栃木ドクターヘリです、どうぞ」

「傷病者の状態送信します。傷病者、73歳男性。午前5時ごろ腹ばいで転倒《てんとう》したものです。午前7時より急激な腹痛が現れたということです。下腹部に激しい痛みを訴《うった》えており、筋性防御《きんせいぼうぎょ》（お腹に力が入って硬《かた》くなっている状態）が見られます。脈拍《みゃくはく》90回／分、サチュレーション（指先につけた装置で血液中の酸素の取り込み具合を表示する機器）94%、酸素15リットル／分投与で１００％。脈拍触知《しょくち》良好。転倒場所は藪《やぶ》のなかです。釣《つ》りに来ていた方で、河原にでる途中《とちゅう》、藪のなかで転倒したとのことです」

●現場（ランデブーポイント）に到着。支援隊（ヘリの安全管理をおこなう消防職員）から、「××地区ということなので、まだ結構時間がかかります。（消防の）車両で向かって下さい」。

赤い消防車に飛び乗ってランデブーポイントを出発。道路上で対向して走ってきた救急車と合流。救急車に乗り換《か》える。

傷病者は腹部を痛がっている。手早く呼吸、脈拍、血圧、意識状態を評価。超音波診断《ちょうおんぱしんだん》装置にて腹部内臓周囲に液体の貯留を確認。内臓の損傷《そんしょう》が疑われた。

かなり痛がっていたため、点滴を確保したのちに鎮痛剤《ちんつうざい》を投与。穏《おだ》やかな状態にコントロールしながらランデブーポイントまで救急車で搬送《はんそう》。ドクターヘリに乗せてランデブーポイントを離陸《りりく》。獨協《どっきょう》医科大学病院へ。

●諸検査《しょけんさ》の結果、小腸に穴が開いてしまい腹膜炎《ふくまくえん》を起こしていることが判明。同日に緊急《きんきゅう》手術となり後日、無事に退院となった。

実例2 58歳／男性

●ゴルフプレイ中に男性がけいれんして倒《たお》れた…脳血管障害（頭蓋内《ずがいない》の血管が破れて出血したり詰《つ》まってしまったりする病気…いわゆる脳卒中《のうそっちゅう》）の疑いとのことでドクターヘリ要請《ようせい》。

飛行中に救急隊から無線連絡。

「胸が苦しいと訴《うった》えており不穏《ふおん》状態。橈骨《とうこつ》（動脈）が触《ふ》れない」。

橈骨動脈とは、親指側の手首の付け根でトクトクと脈に触れる部分。通常脳血管障害の傷病者は意識障害や片側手足の運動麻痺《まひ》、場合により激しい頭痛などに加えて高血圧を呈《てい》することが多い。しかし無線連絡では胸が苦しいと訴えていること、橈骨動脈が触れないということから、ショック状態が示唆《しさ》され、要請時の「脳血管障害」とはどうも様子が違《ちが》いそうだな…と考えながら現地へ。

●現場は救急車による陸送では当院まで80分程度、直近の救命救急センターまでも40分ほどかかる地域。ドクターヘリの出動で基地病院を離陸《りりく》した12分後に救急車との合流地点に着陸。

●患者《かんじゃ》は、接触時《せっしょくじ》、呼びかけにかろうじて開眼はするが、不穏状態で安静が保てない状態。非常に速い呼吸で橈骨動脈は触知《しょくち》できない。頸動脈《けいどうみゃく》（首で触れる脈）がわずかに触知できる程度で、いわゆるショック状態。それ以上診療《しんりょう》しようにも、不穏で安静が保てずコミュニケーションもままならない状態であったため、鎮静をかけて気管挿管《そうかん》（呼吸の通り道を確保するために口から喉《のど》にかけて管を挿入すること）

をおこなう。

鎮静《ちんせい》により無動化を図ったのちに超音波《ちょうおんぱ》検査をおこなったところ、心臓の周りに多量の液体貯留があるのを確認。その液体貯留により心臓が圧迫《あっぱく》されて十分な血液量が身体中に循環《じゅんかん》しない状態（これを心タンポナーデという）に陥《おちい》っていると判断し、救急車内でその液体を抜き取る治療《ちりょう》（心嚢《しんのう》ドレナージ）をおこなう。結果、中等量の血液が吸引でき、徐々《じょじょ》に血圧が上昇、橈骨《とうこつ》動脈も触知《しょくち》できるようになった。そのタイミングで救急車から搬出《はんしゅつ》してヘリに搬入《はんにゅう》、離陸《りりく》して基地病院へ搬送《はんそう》。

●諸検査の結果、心臓に酸素や栄養素を補給する冠動脈《かんどうみゃく》という血管にコブができ（冠動脈瘤《かんどうみゃくりゅう》）、それが破裂《はれつ》したことで心タンポナーデに至ったことが判明、同日心臓血管外科にて緊急《きんきゅう》手術。術後は集中治療室で全身管理をおこない、入院2日目には人工呼吸器を外して喉《のど》の管を抜去《ばっきょ》、3日目には集中治療室から一般病棟《びょうとう》へ移動し、1か月後、歩いて退院。

実例3 16歳／男性

●「16歳男性が50シーシーバイクで転倒《てんとう》…腹部を痛がっている。近隣《きんりん》医療《いりょう》機関では受け入れ不能」という要請《ようせい》内容。

●基地病院離陸10分後、救急隊より無線連絡。

「収縮期血圧70、脈拍１０３回／分、お腹を痛がっている」。

収縮期血圧とは通常血圧測定したときの高いほうの圧のこと。それが70とはかなり低い。

●ランデブーポイントである工場敷地《しきち》内のグラウンドに着陸し、救急車内で傷病者に接触《せっしょく》。やはりショック状態。直ちに輸液路（血管内に針を留置）を確保して点滴を開始。さらに超音波検査にて腹腔内《ふくくうない》（お腹のなか）に液体貯留を確認。おそらく腹腔内に出血しており、そのためにショック状態になっていると判断。近隣医療機関では診療《しんりょう》不可という情報を得ていたため迷わず基地病院へ搬送。

●救急車内接触から基地病院着陸までに約1リットルの点滴を施行《しこう》。その結果、病院到着時には血圧、脈拍《みゃくはく》とも改善傾向。検査の結果、脾臓《ひぞう》という腹腔内の臓器が損傷《そんしょう》していることが判明し、緊急手術。術後経過は良好で、後日退院となった。

　現場は直近の三次医療機関まで陸送で15分くらいの場所だが対応が困難、当院までは高速道路を使用しても75分程度かかる場所であった。基地病院を離陸して14分後に着陸、すぐに接触して処置を開始できたことで出血による容態の悪化を軽減できた。早期の手術という根本治療に繋《つな》げていけたのもドクターヘリの利点である。

実例4　施設間搬送《はんそう》事例

●プールに子どもが沈《しず》んでいるのを発見。居合わせた人たちが蘇生術《そせいじゅつ》を施行《しこう》しながら119番通報。

●直近三次医療機関のドクターカーが要請され現場で接触。全身けいれんが継続している状態で、緊急処置を施行して同病院へ収容。けいれんが60分間も継続していたことから、脳保護を中心とした全身管理が必要と判断されたが、同院では小児《しょうに》の集中治療管理が困難であったためドクターヘリに搬送依頼《いらい》。基地病院を離陸して15分後に搬送元の病院へリポートに着陸。申し送りを受けた後、ヘリに収容して基地病院へ搬送、集中治療開始。

●入院10日目に人工呼吸器を外すことができ小児科病棟《びょうとう》へ移動。溺《おぼ》れたことで脳に十分に酸素が運べなくなったことによる後遺障害《こういしょうがい》の程度を評価するためのさまざまな検査や評価をおこなう。全身状態が安定したため、入院43日目に軽快退院。現在、大きな後遺症もなく外来を数か月おきに受診。けいれんを抑《おさ》える薬を服用しているが、それも減量中でまもなく中止できる見込み。

実例5 災害時の運用

●雪崩《なだれ》が発生し、多数の傷病者が巻き込まれた災害が発生。災害医療派遣《いりょうはけん》チーム（DMAT《ディーマット》）としての活動を県より指示され、天候回復後にドクターヘリが現地方面へ出動。

●直近の災害拠点《きょてん》病院内にDMATの活動拠点本部が立ち上がり、ドクターヘリもその指揮下で活動。活動拠点本部内に搬送《はんそう》調整班が組織され、僕《ぼく》はそこの担当に。ここではドクターヘリのみならず、消防防災ヘリや救急車の調整もおこなう（→p134）。救急車の調整は活動拠点本部とその上位本部に当たるDMAT調整本部（都道府県庁内に立ち上がった組織）の間で、消防防災ヘリの調整は活動拠点本部と調整本部及び地元の消防本部間でおこない、ドクターヘリは活動拠点本部と地元消防本部、及び基地病院内の運航管理室との間で調整。

その結果、ドクターヘリ2フライト、消防防災ヘリ1フライトで県内三次医療機関へ搬送。救急車は直近災害拠点病院へ搬送された後、ほかの医療機関へ転院させる必要が出たときに対応できるように5台調整したが、結果的には出動には至らなかった。

実例6 本白根山《もとしらねさん》の噴火《ふんか》

●本白根山《もとしらねさん》で噴火《ふんか》が発生。多数の傷病者がいることがわかり、群馬県でDMAT活動が開始され、DMAT調整本部や発災場所近くに活動拠点本部等を設置。

●ドクターヘリの調整も開始。群馬県のドクターヘリ基地病院が災害時の連絡担当基地病院であるため、そこから栃木県基地病院である当院へ傷病者搬送の応援依頼《いらい》。「連絡担当基地病院」とは、2016年12月に厚生労働省が出した「大規模災害時のドクターヘリ運用体制構築に係《かか》る指針《ししん》」のなかで示されているもので、被災地へのドクターヘリ派遣を効率よくおこなうために、国内各地域ブロック内でドクターヘリの派遣や待機等の調整をする病院のこと。群馬県、栃木県、茨城県は北関東ブロックとして分けられており、群馬県のドクターヘリ基地病院が連絡担当基地病院となっていたため、当院に派遣調整の依頼がきた。

●当院を離陸《りりく》した栃木県ドクターヘリは、はじめに群馬県へリポートに着陸して給油した後、現場近くの合流地点へ向かい、そこで傷病者に接触《せっしょく》。申し送りを受けてヘリへ収容した後、群馬県へリポートへもどり、そこから救急車に乗せ換《か》えて収容先の医療機関まで搬送した。

《著者紹介》

和氣晃司（わけ　こうじ）

1968年東京都生まれ。1993年、獨協医科大学卒業。同年５月、同大学第１麻酔科学教室入局。1997年に集中治療部出向。2002年、救命救急センター出向。2009年、救急医学講座に移籍、現在に至る。麻酔科専門医・指導医、救急科専門医・指導医、日本DMAT隊員・同インストラクター、JPTECインストラクター、MCLSインストラクター、MCLS－CBRNEインストラクター、J－MELSベーシックインストラクターなど多くの資格をもつ。

企画・構成／稲葉茂勝

編集・デザイン・制作／こどもくらぶ（二宮祐子、石井友紀）

こどもくらぶは、遊び・国際交流・福祉分野の児童書・教育書を企画・編集しているエヌ・アンド・エス企画編集室の愛称。最近は、大人も読める絵本も積極的に手がけている。

写真協力／獨協医科大学病院、同 救命救急センター、栃木県ドクターヘリ運航スタッフ

空《そら》飛《と》ぶ救命《きゅうめい》救急室《きゅうきゅうしつ》
ドクターヘリの秘密《ひみつ》

二〇一八年七月二五日　第一刷発行
二〇一八年一二月一〇日　第三刷発行

著者　和氣晃司
発行者　竹内淳夫
印刷　モリモト印刷株式会社
製本　株式会社難波製本
発行所　株式会社彩流社
〒一〇二―〇〇七一
東京都千代田区富士見二―二―二
電話　〇三―三二三四―五九三一
FAX　〇三―三二三四―五九三二

ISBN978-4-7791-2501-0　NDC490
Printed in Japan
彩流社ホームページ　http://www.sairyusha.co.jp　E-mail　sairyusha@sairyusha.co.jp